だいわ文庫

2人で理想の未来を叶えていく

夫を最強のパートナーにする方法

ヒロコ・グレース

大和書房

はじめに

「苦しくて死にそうな状態から、半年で、私と夫との関係が激変しました。大げさでなく、命が救われました。命が吹き込まれ、人間になってきた感じがしています」

——これは、私の講座を受けた方から実際にいただいたメッセージです。

・「私ばっかり家事や育児をやってる!!」とイライラし、毎日夫とケンカ
・夫はいつもムスッと不機嫌で、夫婦の会話がない
・夫を尊敬できなくなり、なんでこの人と結婚したんだろう、と離婚も頭をかすめる
・いつからか、夫に女性として見られなくなった気がする
・ついつい夫に負けたくないと張り合ってしまう

お互いが心から愛し合っていると思って結婚したのに、いつからか始まった苦しい生活。気がつくと二人の間にどんどん隔たりができ、ケンカばかり。家のなかはつね

に険悪。どうしたら負のスパイラルから抜けられるのか――。

夫からの離婚申し立て理由の第2位が、〝妻からの精神的虐待〟(2017年度司法統計)だと言います。いつもイライラ、口調がきつい、いきなりキレる、何をしても怒られる、口をきかない、夫の分だけ家事をしない、人格否定的な言葉をぶつけられるなど、夫のつらさは切実です。

しかし、じつは妻たちのこの激しい「怒り」は「愛の期待」の裏返し。私には、妻たちが精神的にギリギリのところまで追い込まれて、〝助けて!〟〝愛がもっと欲しい!〟と悲鳴をあげているように感じられます。

夫は妻を愛していないのでしょうか?

たしかに離婚を申し立てるまでに限界を迎えた夫は、もう妻を愛していないのかもしれません。でもその前段階では、愛はまだあるはず。「お互いの愛し方の違い」を理解していないがため、好き同士なのに愛を受け取れず、すれ違っている場合がとても多いのです。

さらに、この愛の欠乏感は、じつは親子関係にも遡《さかのぼ》ります。ご自身では意識していなくても、愛されていない、必要とされていない、存在を認めてもらえないといった不安を感じる傾向に育ってしまっていることが影響している場合が多く、相手からの愛の受け取り方、相手の愛し方などにゆがみが出ています。

夫からの愛になんらかの欠乏を感じたとき、同じように愛の欠乏を感じた過去の記憶が妻のなかでよみがえり、長期にわたって保存・発酵している親との体験記憶の引き出しが開き、過去のことなのか現在のことなのか区別がつかないまま、記憶と感情がごちゃまぜになり総決算のようにあふれ出てきてしまうのです。

そのため、この本では、まず**STEP1で「徹底的に自分を満たす」**ことについて記しました。残念ながら、愛の欠乏感は、どんなに夫に愛されても埋めてもらうことはできません。自分で自分を満たすしか方法がないのです（これについては、私のブログや著書『愛され妻の習慣』〈WAVE出版〉なども参考に、取り組んでいただければと思います）。

愛の土台が整うと、いよいよここから愛を受け取る、愛を与える、愛を育む、愛を循環させるステージに取り組むことができます。夫婦の醍醐味はこのステージから始まります。家にたとえると、土台をつくる基礎工事が終わって、初めて上物を建てられるイメージです。

本書では**STEP2として、男性の特性を理解することで、夫の愛を正しく受け取れるようになる方法**をお伝えします。

STEP3では、妻が自分のやりたいことを実現させながら、夫の夢も応援し、二人で高め合っていくコミュニケーション法を書きました。

結婚とは何か、結婚する意味とは何か、妻とは、母とは、子育てとは……。どこにも正解がないことだからこそ、過去からのしがらみや呪縛を取り払い、ありのままの「自分はどうしたいのか」「彼はどうしたいのか」を見つめましょう。

夫婦が人生を共に生きるパートナーとして、本質を伝え合う深いコミュニケーションをとり、お互いの考えや生き方を尊重し、すり合わせていく。そうすることで、影響し合い、刺激し合い、高め合える理想的とも言える関係性を構築できるようになります。それは、海外ドラマなどでしか見たことがない夫婦のパートナーシップの形かもしれません。

まずは、私たち妻が意識を変えることで、夫の意識も変わり、新しいパートナーシップが築けるようになります。いつからでも、どんな状態からでも始められます。

愛が循環する夫婦関係が、どれだけ人生を豊かに、味わい深いものにしてくれるのか、今日からあなたも体現者になっていきます。

いま、私たちは激動の時代を生きています。日本では昭和から平成、そして令和へと移り変わっています。それにもかかわらず、ロールモデルは昭和色が色濃く残っているものばかり。結婚観だけでなく、妻として、母として、女性として、そして子育てにおいてまで、古い価値観を引きずっているのです。

この価値観こそが、いまもなお、私たち日本の女性を苦しめているのだと、15年以上住んでいたアメリカから帰国した際に感じました。これは苦しすぎる……。

では、私たちは、何を軸にし、何を信じ、何をロールモデルとして新しい時代にマッチしたパートナーシップを築いていけばいいのでしょうか。本書が、そんなことをひもといていくヒントになるといいなと思っています。

幸せのスパイラルが世の中に大きく広がりますように……。そして、次世代に幸せのバトンをつないでいけますようにと願いを込めて、心を込めてこの本を書き記しました。

幸せがいっぱい、いっぱい降り注ぎますように……。

ヒロコ・グレース

STEP 2 ≫ 男性を正しく知れば、夫の愛をしっかり受け取れるようになる

STEP 3 〉〉 夫をやる気にさせる「現代アゲ妻」になる

STEP 1

まずは妻が、徹底的に自分を満たす

新事実！
妻が幸せなら、夫はそれだけで幸せ

私たちの結婚生活は、ニューヨークと東京で遠距離という、珍しい形で始まりました。大切な人がすぐそばにいない寂しさがありつつも、結婚という「契り」を交わしただけで、大きな安心感と幸せに包まれていました。

夫と出会った頃、私はニューヨークで結婚マッチングサービスの会社を運営し始めて2年目でした。突然のデータクラッシュにより、一時的に倒産危機にさらされたものの、なんとか短期間で苦境から抜け出し、新たに大きな一歩を踏み出していたタイミングでした。

「失敗こそが、自分が本当に行きたい場所に連れて行ってくれるジェットコースター」。こんな学びを胸に、とても前向きな気持ちで頑張っていたからか、恋愛や結婚の相談が増え始め、多いときは電話相談を入れると月に150件もこなしていたほどでした。

20代の頃の私は、両親の度重なる離婚騒動を子どもながらに傍観し続けたこともあり、「どんなに優しかった男性も、結婚するとたちまち亭主関白に変わる。女性は、夫の世話、子どもの世話、仕事など、どんどん役割が増えて積み重なるタスクに追われ、ボロボロになっていく損な役割だ」と、経験もしていない結婚に対してトラウマ的な拒絶反応を示していました。

それでも、夫と関係を育んでいくなかで、初めてこの人となら結婚したいといい結婚のイメージができたのは、夫が私を「尊敬」し、「応援」してくれる人だったからです。

自分には、両親とは違う夫婦関係を築くことはできるのか。

それからの私は、結婚を地獄にしないために、不安をなくすべく、男女のボタンのかけ違いについて研究をし始めました。

何年もリサーチを続けていくなかで、おもしろい研究結果を見つけました。

突然ですが質問です。

夫が幸せを感じる瞬間って、どんなときだと思いますか？

好きなことをしているとき？
仕事がうまくいっているとき？
おいしいものを食べているとき？
臨時収入が入ったとき？
寝ているとき？

じつは一番は……妻が幸せを感じているときなんです！
「え～!?　ウソ!?」と思ったあなたに、ぜひ解説させてください。

「長く幸福な結婚生活では、夫の幸福よりも、妻の幸福がより重要な影響を持つ」という研究結果が実際に出ているのです（米国のミシガン大学社会研究所のデボラ・カー氏らの研究結果。"Journal of Marriage and Family"誌、２０１４年10月号より）。
「妻が結婚に満足していると、彼女は夫のために多くのことをしてあげる傾向があり、これが夫の人生に好ましい影響を持つ。そして、妻が夫婦関係に満足しているほど、夫は（自分たちについてどう感じているかとは無関係に）自分の人生をより幸福だと思う」

夫は、妻が幸せでいるだけで、自分も幸せだと思える生き物——。

これは実際に、私自身がアメリカで男性のカウンセリングをしていたときの経験からも納得のいくものでした。

・以前結婚していて、うまくいかなかった人たち
・いま結婚していて、悩んでいる人たち
・結婚する前の人たち

私は、このような様々なタイプの男女、二万人以上をカウンセリングしてきました。そして、どの人たちにも、この傾向は共通して見られました。

妻が幸せなら夫は幸せ。ということは、夫は「夫自身が妻や夫婦の関係に対してどう感じているか」よりも、「妻がどう思っているか」を重視しているということ。

たとえば妻が、

「私たちってうまくいっているよね～！」

「結婚してよかったね！」

「私は、とっても幸せなんだ～」

と言葉や態度にすれば、夫自身がどう思っているかに関係なく、幸せ度がアップするんです！　私自身も、この法則に気づいたときには、そんなことでいいの～!?　これなら私にもできるかもしれない、とちょっと得した気分になったのを覚えています。

不機嫌な妻は夫を下げる

でも、いったいどうしてこのような心理になるのか。

男性は、目の前にいるたった一人の女性に対して、「自分なら、この人を幸せにできるかも」と自信が芽生え、「自分がこの人を幸せにしたい」と腹が決まる。

大きな決意を持って結婚したからこそ、夫は、日頃から「妻がご機嫌でいるか」を、とっても気にしています。男性は私たちが思っている以上に繊細な生き物です。

女性のなかには、相手に不満があるとき、むっとした顔で黙り込んだり、大きな音をたててドアを閉めたりと不機嫌な態度（非言語）で表す人がいますよね。これは「察してほしい」と思っている女性に多いのですが、残念ながらまったくの逆効果。

たとえ稼ぐことができて社会的に成功していたとしても、一人の女性をも幸せにできていないと思うと、男性は男としてダメだと烙印《らくいん》を押された気持ちに陥ってしまったりするんです。

不機嫌な態度を示す妻を見るたびに、夫は、「結婚前はあんなに幸せそうだったのに、いまは俺と一緒にいると、いつもイライラして怒鳴ったり、悲しそうに泣きわめいたりしている……俺がそばにいるべきではないのではないか」と考え始めてしまうのです。

そして、妻が不機嫌な日々が続くと、「夫として、一緒にいる価値はあるのだろうか……」と、男性としての存在価値が下がったように感じてしまいます。

「俺は目の前にいる、たった一人の女性さえも幸せにできない最低な人間なのか」と自尊心を下げてしまうのです。

「妻の笑顔を見たことがない」と離婚した男性

ニューヨークで、離婚経験のある男性ケンさんをコンサルしている際に、前の奥様と別れた理由を、「妻の幸せそうな笑顔をほとんど見たことがない」とおっしゃっていたのが印象的でした。

理由もわからないまま、いつからかいつも不機嫌になってしまった妻の元に帰るのは気が重く、ケンさんもムスッとした表情で帰宅する。すると妻もその雰囲気に影響されて、「私がいま、こういう態度をとっているのはすべてあなたの責任よ！　あなたが悪いのよ！」と言わんばかりに、ケンさんの発する言葉を逆手にとって攻撃するつもりでいまかいまかと怖い顔で待ち構えている。

ただでさえ仕事で神経を使って疲れているのに、帰宅してそんな態度の相手を見ると、何十倍も疲れて面倒だったと言っていました。

「機嫌が悪くなるなら、何もしないでいい。家にいるときは笑っていてくれるだけでいい」

ケンさんのこの言葉が、すべてを表していると感じました。

男性のやる気をそぐ三つの言動

男性はとってもたくましくて優しい生き物。自分にとって大切で、守るべき女性に対しては、自分が守り抜き、幸せにしたいと思っているものです。

その男性のやる気を一気にそぐ妻の言動が、

- **相手を否定すること**
- **機嫌が悪く、不幸せ感を出すこと**
- **妄想を膨らませ、悲劇のヒロインになっていること**

なんです。でも女性は、まさか自分の言動が、相手のやる気をそぎ、逆効果なことをしているなんて、思いもしません。ただただ、「私の気持ちをわかって！　私こんなに寂しい思いをしているのよ」と気がついてほしい、わかってほしいと願っているだけなのです。


では反対に、妻が夫の前でいつもルンルンとご機嫌だったとしたら？　夫は、「妻は俺と一緒になって幸せなんだな」

「妻を幸せにできているんだな」

と受け止めて、自分の存在価値が上がったように感じられるんです。

もしかしたら奥さんがルンルンしている理由は夫とは全然関係がなくて、大好きなアーティストのコンサートチケットが手に入ったからかもしれないし、買ってきたおいしいケーキが冷蔵庫に入っているからかもしれない。

でも、理由はなんだっていい！

夫は、妻が自分と一緒にいるときにご機嫌なら、「俺って幸せだな」と感じられるんです。とってもシンプルな法則だと思いませんか？

夫を変えるより、自分を幸せにするほうが早い

妻がご機嫌なら、夫もご機嫌。

夫婦は、「たくさんの愛の循環、尊敬、思いやり」があって初めて心が満たされるものです。大切な人を大切にしていくために、自分の機嫌には自分で責任を取る。

もちろん、妻が不機嫌になる原因は夫側にもあると思います。彼が改善していくべき点もたくさんあるでしょう。でも、それを問題ととらえ改善していくかどうかは、結局彼の問題。彼がこの問題をどう感じ、どうしたいのか次第なんです。

自分の考えを押しつけることも、その考えで縛ることもできない。〝彼を変えること〟なんて無理なこと。

それでも妻が幸せでいれば、夫は本来の「この人を幸せにする」という決意が実現できていることに満足し、「さらに幸せにしよう」とやる気を出すものなのです。

夫のやる気をそいだり、やる気を高めたりするのは、妻である自分次第と考えると、自分が望む未来を手にするために、どうしていけばいいのかと思考を変えられますね。

だからこそ、STEP1では、まず自分を満たすことを最優先にしましょう!

妻が自分を幸せにすること=夫婦の幸せです。

なかなか自分では気づけないことかもしれないけれど、今日からは遠慮なく、あなた自身が「幸せだなぁ〜」と思える選択をしてみましょう。それが、夫もあなたも幸せになっていく近道です！

結婚しても、やりたいことをあきらめてはいけない

あなたがすでに結婚しているとしたら、いま何も制限がなかったとしたら何をしたいのか、**一人の人間としてやりたいことや、心の声を書き出すクセをつけてみてください。**結婚する前と違って、やり方の工夫が必要かもしれないけれど、

「これが全部叶えられたら、すごく嬉しいな！」

「どういう順番で叶えていこうかな！」

と優先順位をつけながら考えていくといいと思います。

同時に、夫の理想の生き方もじっくり聞いてみてください。そのうえで、「夫のこ

うしたい」も叶えていける環境を一緒につくる。お互いが応援し合いながら、それぞれの夢を叶えていける関係って素敵じゃないですか。

そして、もう一つ大切なことは、それぞれの夢を叶えていきながらも、夫婦としての単位で考えたときに、**二人はどこに向かっているのか、二人が望む幸せなパートナーシップとはどんな関係性のことかを明確にすること。**

自分自身も、そして相手もここが明確になっていることで、日常生活のなかで起こる様々な問題をその都度二人で乗り越えながら、理想に近づくために考えや行動をすり合わせていく努力ができるものです。

何千組という夫婦を見てきて思うのですが、叶えられないことなんて何もない。絶対に叶えるんだと本気で決めると、できるものなんです。

私自身、一瞬でどん底につき落とされ、「もう乗り越えることなどできない」と死と向き合った経験をしました。

ニューヨークでビジネスをしていた頃、運営していたネット上のサービスが突然のデータクラッシュによりストップし、借金を3000万円以上背負いました。すべてを失い、ビジネスの運営さえもできないなかで、どう返済したらいいのか。20代後半の私は、その金額の大きさに耐えられず、自分にかけていた生命保険で支払うしか方法はないと真剣に考えていました。

ところが、念のため見直した保険証書で、保険をかけてから数年以内の自殺には保険金が下りないことを知り、絶望しました。「私、死ぬことさえも許されないんだ」と。私は生きるしかない。生きていくのならばどうしたいのか。そのように考えるようになりました。思考が180度変わった瞬間です。

大きな壁を前にすると、そのとてつもない壁の大きさに頭が真っ白になり、ひるんでしまうものです。でも、越えられない壁など試練としてやってきません。その試練は、自分に何かを教えてくれて、気づかせてくれるメッセージであり成長のタイミング。そう、大きな壁ではなく、成長するために必要な大切なメッセージなのです。そのメッセージの真髄を考えていくと、ふっと抜ける道が見えてくるんです。

ですから、あなたに「人生をかけて、絶対にやりたい」「少しずつでもチャレンジしたい」というものがあるのなら、どんなに時間がかかっても、あきらめないでほしいのです。

「いずれ手に入るもの♪」という思いで進んでいけば、絶対に無理だというような状況でも、楽しくなってくるはずです。だって、人生って自分の心が前に進みたくなるように明るく考えたほうが、うまくいくようにできているものだから。

夫は、妻が本気なら応援してくれる

それに夫は、妻の思いが本気だったなら、応援してくれるものなんです。それが就職や転職、起業など仕事のことや、世界一周や留学、子どもを持つことなど、どんなことでも大丈夫。

もちろん最初は、「そんなこと聞いてなかったよ」「そんな気持ちでいたなんて、全然知らなかった」と、ビックリして反対するかもしれません。

でも、そこですぐにひるむのはもったいない！　何回でも交渉したらいいんです。

女性は、言ってみて反対されると、「ああ、ダメなんだ。この人は反対なんだ」とショックを受けてしまうけれど、そのときにはまだ自分の本気度が伝わっていないだけなのかもしれない。相手に受け入れる準備ができていないだけなのかもしれない。ご機嫌ななめなのかもしれない(笑)。

ですから、相手のご機嫌とタイミングを見ながら、毎回まるで新しいことを話すかのように伝えてみるんです。

「それ、前も言ってたよね」

と言われても、

「心を入れ替えて、新たに本気度を伝えようと思って再チャレンジしているの」

と明るく笑顔で言ってみるのです。

夫より子どもより、自分を優先する

夫婦で成長していきたいと願っている女性に、私がいつもアドバイスすることがあります。それは、「あなた自身がどうしたいのか」を、いつもどんなときも考えることです。

結婚して仕事もあってとバタバタしていたり、子どもがいて日々時間に追われていたりすると、どうしても女性は「自分がどうしたいか」を考えなくなってしまうもの。考える余裕もないし、考えてはいけないいんじゃないか、あるいは考えたくないという気持ちの人もいるはずです。なぜなら、自分の望みを思い浮かべて、いざ実現しなかったら悲しくなってしまうから。

でもその状態が続くと、心は自分の思いを感じるスイッチを切ってしまって、自然と自分の望みを考えなくなってしまうようになるんです。そうすると、自分の声はどんどん聞こえなくなっていってしまいます。

考えないことって、一見ラクに思えるかもしれません。

でも断言します！　スイッチを切ってしまったら、幸せにはなれません！

だから、切るのではなく、電気の明るさを調整するディマー・スイッチのように、タイミングに合わせて自分で自由自在に調整する感覚を持つことです。

「私はどうしたい？」

「この願いを叶えるには？」

と、いつだってあなた自身に問い続けてあげてください。

それが、自分の心の声とつながり、自分を大切にすることにつながっていきます。

心のスイッチを切ってしまうと、自分が何者かわからなくなってしまうので、気をつけて。

スケジュールは自分の予定から埋めていく

いろいろな女性から相談を受けていると、日々忙しいからと言って、自分のことを一番後回しにしてしまう人があまりに多くてビックリします！　真面目な女性ほど、その傾向があるようです。

私はいつも、優先順位を変えて、自分のことをまず最初に考えましょうと伝えています。具体的には、「これをやりたい！」と思ったら、まずはそれを実現するにはどうしたらよいだろうと一番に考えるんです。その次に、夫と子どものスケジュールを入れていきましょう。それくらい思い切って変えてほしいんです。

自分がどうしたいかを知っていると、「これはやりたいことだな。でもこっちはどうでもいいな」と、優先順位もつけられるようになってきます。あれもこれも叶えようとしていると、どれも中途半端になってしまうことが多いものですが、**優先順位がつけられると、本当に大切にしたいことを叶えられるようになっていきます。**

そして、優先度の高いものを叶えていると、今度は人のことも大切にできるようになってきます。なぜだと思いますか？

自分が好きなことをやらせてもらっている分、私も協力してあげようと思えるからです。押しつけがましくなく自然と「やってあげたい」という気持ちが湧いてくるので、みんながハッピーになっていきます。

毎日5分でも、自分の心の声を聞く時間をつくる

「でも私、心の声なんて聞いたことがないかも……」と言う人もいますが、大丈夫。

誰もが自分の心の声をしっかり持っています。ただ、心の声を聞きやすいかどうかは、人によって違いますし、育ってきた環境も影響します。

たとえば、自分が母親を守ってあげなくてはと思い込み、母親を幸せにするために、何かと我慢して育ってきている人の場合。その人にとっては「自分はどうしたい？」と心の声を聞くスイッチを切っていることが当たり前になってしまっていて、いざ自分に気持ちを向けようとしても、なかなか心の声はすぐに聞こえてこないものです。

あるいは、自分の心の声を聞くことすら「わがままなのでは？」と思ってしまっていることも、よくあります。

そんな場合には、毎日少しずつ、自分の心の声を聞く練習をする時間を持ちましょう。5分、10分でもOKです。一人でゆったりできる時間をとって、自分と向き合い、自分とつながる時間を持ってみてください。

「あ〜！　私はどうしても、夫と子どものことを考えちゃう！」という場合には、自分のなかで全部消化しようとするのをやめて、相談してみるのも一つの手です。夫に言ってみてください。

「私ね、いまこんなことを考えていて、どうしてもこういうことをしたいと思ってるの。でも毎日忙しくて取りかかれそうにない状況なんだ。できるようにするにはどうしたらいいかな？」

はじめは反応が薄いかもしれません。

でも、あなたが望むことを話し続けていれば、夫のリアクションも変わってくるはず。夫の器をもっと信じてみましょう。「この人は受け入れてくれる人」という前提で話してみると、うまくいきやすくなるのでおすすめです。

妻として、母としてではない「自分のオリジナルな価値」を知り、表現する

あなたが自分を満たすために、他にも大切なことがあります。

それは、自分の価値を知って、自分から表現していくことです。

結婚する前、「彼に愛される私」になるために努力したことがありませんでしたか？

ちょっと思い出してみてください。その努力は、「夫はこういう女性が好きであろう」という想像と、世間の「妻として、母として、結婚相手として理想とされる女性像」を元にしていませんでしたか？

たとえば、本当はお料理がそんなに好きではないのに、好きなふりや得意なふりをしたり、本当は自分の意志や、意見、好みを持っているのに、それをまったく表現せず相手に合わせてしまったり。自分の好きな服よりも、男性ウケすると言われている白いワンピースや薄い色のブラウスを着てみたり……。

外見も中身も、世間的に男性がよしとするものを取り入れてしまっていたということはないでしょうか？　実際に、モテを意識したから結婚できたと思っている女性も、少なくないかもしれませんね。

でも、いざ結婚したらどうですか？

じつは自分の嫌いなものもあるし、やりたくないこともある。

それなのに好きなふりをして、鎧《よろい》を着たままずっとやり続けなければいけなくなってしまったら……。これって大問題です。日々、やりたくないことに囲まれているわけですから、「もっと手伝ってよ」「私だってやりたくないのに」という気持ちがむくむくと湧いてきてしまいます。

そうすると、イライラや不満がどんどんたまっていくという状況に陥ってしまうんです。あ〜、聞いただけで不幸になりそう……。

これを放置していると、夫婦仲はみるみる悪くなっていきます。

伝え方で、お尻の大きささもチャームポイントに変わる

そこでしてほしいことがあります！　まだ結婚していない人も、すでに結婚している人も、どちらの人にも役に立つことです。

それは、一言で言えば、「自分らしさを知ること」です。自分らしさは、世界にたった一人しかいない「私」の価値。世界でたった一人と考えると、すべてがスペシャ

ルではありませんか。

好きなところ、嫌いなところ、いろいろあると思います。それを、いいとか悪いとかジャッジせずに、ありのままの本当の自分というのを、まず知ってほしいなと思います。そのなかで「ここが自分らしさだよね」というところを、自分で見つけてあげるのです。人に見つけてもらうのではありません。


男性は言葉をそのまま受け取る傾向があります。「私、お尻が大きくて……」と言えば、そっか、俺の妻のお尻は大きいのかと思う。でも、「私のお尻ぷりぷりで、最上級に気持ちいいんだよ」と伝えると、俺の妻のお尻は、ぷりぷりで気持ちいい！なかなかいいお尻を持っているんだと、大きなお尻の価値が上がるのです。

「私ってこういうところがすごいよね」

「私、こんなところがかわいいよ」

と、すべてをプラスにとらえて、あなたの価値を相手に伝えていくことが大切なんです。

妻のダメなところは、夫が活躍できる場所

もっと言えば、自分にとってダメなところ、嫌いなところは、相手にとっての魅力だったりします。

女性が自分のことを「ここが嫌いだな」と思っているところは、完璧にできないと思っていたりする部分です。でも、人が相手に魅力を感じるところは、「完璧にできること」から生まれるものではなく、「自分にしか見せない本質的なその人らしさ」だったりします。

完璧じゃないところこそが、男性には隙に映り、彼らがサポートできる場所となるのです。これからはぜひ、「隙＝魅力」ととらえてみてください。隙がある分だけ、魅力があるということ。だから、自分の好きなところも嫌いなところも両方書き出してみて、「このすべてが私の魅力なんだ」と、価値観を書き換えていきましょう。

苦手なことも、どんどんアピールすることをおすすめします！　夫に、「あなたが

活躍できる部分、出番がある場所よ」と、隙やギフトをあげていることになりますから（笑）。夫も、ちょっと何かしてあげたことで妻に喜んでもらえたら嬉しいし、「俺の価値も上がってる」と感じてもらえることになるのです。

相手に自分の価値を探してもらうのではなく、ぜひ、今日から自分で伝えてみましょう。**相手が自分のことをどう思っているかは、自分が自分をどう表現し、相手に見せているか次第**なのです。

そして、男性も女性も、それぞれに「結婚とはこういうもの」という思いを持っているはず。

でも、その型にはまろうとするのではなくて、「私はこうで、あなたはこうだよね。じゃあ、二人でどういうものをつくる？」と、二人でつくっていくほうが、もっとハッピーになると思いませんか？

二人だけの形なんだから、世間と違っていたっていいんです。二人が幸せならいいのだから。そのためにも、まず「私ってこうだよ」と相手に伝えることから始めてみてください。

「妻はこうあるべき」という夫の価値観を変えていこう

それからもう一つ。

夫が思っている「妻はこうするべき、こういうもの」という、彼特有の価値観は少しずつ変えていくことができます。そして、こんな新しい価値観もあるよと提案していくのは、女性側の役割なのです。なぜなら、一般的に男性は、女性が担う役割について、いまの時代に合う考え方に自ら変えたり、妻の特性を見て変化していこうとする発想をしないからです。

たとえば、彼の母親が専業主婦で、家事や子育てを完璧にこなしていたとすると、彼が育った環境のなかでできあがった価値観は、妻が家事全般を担い、母として子育てをしっかりやること、となりがちです。

この前提からすると、家事を民間サービスに依頼して任せるとか、ベビーシッターさんに子どもを預けることに、一般的に、夫はいったん抵抗感を示すと思います。他人が家に入るのは気持ち悪いとか、子どもも嫌がるのではないか、ストレスになるのではないか、信頼できるのかと心配し、マイナス感情が強く出てきてしまいます。

「ベビーシッターは嫌だ」という夫の価値観を変えた例

美咲さん（仮名）の夫は、週末彼女が仕事に行くときなどに子どもたちの面倒を見てくれていました。しかし、彼は、本当は土曜日の午前中に少し仕事がしたかったのです。子どもがうるさくて仕事が進まないというのが不満でもありました。でも、シッターさんを雇うのは大げさだとか、他人が家にいると気になるとか、ネガティブなイメージしかなかったそうです。

ある日、ヒロコ先生ならどんなふうにアプローチしますか、と美咲さんに聞かれました。もし私なら、きっとこんな感じにします。

「シッター派遣の○○という会社があってね。この前、ホームページを眺めていたら、なんと！　福利厚生や自治体などの補助を使えるって書いてあるページがあって。きっと使う人が増えてきているんだね！　1時間あたり最大1000円の割引があるらしいよ！

でね、見てみて、あなたの会社もリストにあるの！　さすがだね！　こういう妻サポートまでついているなんて感動する。やっぱり違うね。シッターさんも選べるみたいなの。ほらっ（とホームページを見せながら、登録しているシッターさんのプロフィールにあれこれコメントして、彼の反応を見ながら、利用者の声も読んでみる）。

ねーねー、一緒に〝一度お試し〟してみない？　シッターさんの子どもへの接し方や相性とかも確認できるし、シッターのサービスを使うってどんな感じかがわかるはず。知っておくのも悪くないと思うんだ！」

そしてさっそく、夫が自宅で仕事をしたい土曜日の午前中に依頼。夫には仕事をしてもらう。シッターさんには、夫の邪魔にならないようにと伝え、子どもたちを見てもらう。その間、自分もやりたいことをやる。終わる直前に、二人でそっと様子を見て、「幼稚園の先生を独り占めしたみたいで、子どもたちは大喜びだね。子どもにとってもいい経験になるね」ということなども話す。

このようなステップを踏み、彼が持っていた不安点を一緒に一つひとつ潰していくのです。そして、利用した際のメリットも一緒に確認していきます。

不安がなくなり、メリットが見えることで、いままでシッターさん＝論外となっていた概念が、ゆるやかに、取り入れてもいいかもと変わっていくのです。これが、彼特有の価値観を自分が関わることで変革していくステップです。**無理やり変えるのではなく、「影響する」というイメージを持つのがポイントです。**

もう一つの例として、私は自分の価値を家事においていません。そこで、自分の価値は家事をこなすところではなく、別のところにあるということを自分からアピールしました。「なんでも話ができる親友的な側面」「デートをして楽しい恋人的な側面」、そして「いつでも絶対的に味方でいる、安全基地の側面」などです。

これらの価値を夫も感じてくれたことによって、家事などは、私でなく他の誰がやってもいいという価値基準になっていったのです。

こんなふうに、**彼の価値観を、自分自身の新しい価値を提案することで変えていく**

ことができるものなのです。

世間一般で言われている、妻として・母としての価値ではなく、自分だけのオリジナルな価値。これを理解してもらえるだけで、受け入れてもらえるだけで、心にも、時間的にも余裕ができて、私はどんどんハッピーになっていきました。

それを見た夫も、
「君がハッピーなら、そのほうが僕も嬉しいよ」
と、反応してくれるように変わっていきました。

それ以来、とってもラクな状態で、毎日を過ごせるようになりました。思っていた以上に、やりたくないことでエネルギーを消耗していたんですね。

あなたが自分の価値を知って、パートナーに「私はこんな人間で、こうしたいと思っている」という思いを伝えていくと、相手のあなたを見る目も、感じ方も変わっていきます。このすり合わせができると、お互いがどんどんハッピーになれるんです。

いつでも一番だけを選ぶ

こんな話を聞いたことはありませんか？

「一番好きな人と結婚するよりも、二番目に好きな人と結婚したほうが幸せになれる」

「自分の意思や、意見、好みを表現せずに、相手に合わせたり、自分のことを好きと言ってくれる人と結婚するほうが幸せになれる」

これ、実際に多くの女性が口にしている言葉なんです。女は愛されて結婚したほうが幸せになれるとか、結婚には妥協も必要という教訓なのでしょうか。

どこから出た話なのかリサーチしてみましたが、わかりませんでした。あくまでも私の見解ですが、明治時代に民法において規定された「家制度」が結婚の意味を持っていた時代の名残、ではないかと考えています。

この時代、田中A男君と佐藤B子さんが結婚する場合、B子さんは佐藤家から抜け、田中家の戸籍に入ることになり、戸籍上の記載が、次ページの上の図のようになりま

昔

【戸籍①】
田中
父（夫）
母（妻）
A男（長男）

【戸籍②】
佐藤
父（夫）
母（妻）
B子（長女）

結婚すると →

【戸籍①】
田中
父（夫）
母（妻）
A男（長男）
B子（長男嫁）

【戸籍②】
佐藤
父（夫）
母（妻）
~~B子（長女）~~

現在

【戸籍①】
田中
父（夫）
母（妻）
A男（長男）

【戸籍②】
佐藤
父（夫）
母（妻）
B子（長女）

結婚すると →

【戸籍①】
田中
父（夫）
母（妻）
~~A男（長男）~~

【戸籍②】
佐藤
父（夫）
母（妻）
~~B子（長女）~~

【戸籍③】
田中または佐藤
A男（夫）
B子（妻）

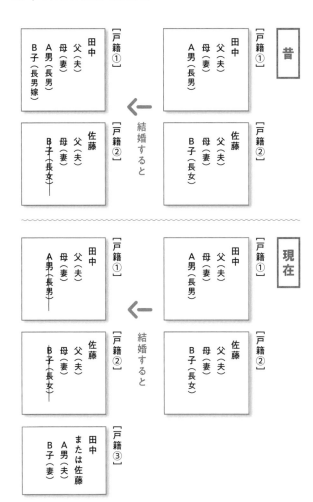

した。

この時代の結婚は、子孫繁栄が大きな目的の一つとされていました。幼少の頃に、双方の親、もしくは親代わりの人が本人たちの意思にかかわらず結婚の約束をして決めていた許嫁《いいなずけ》との結婚も普通でした。家などの事情によって結婚相手が決められていたのです。

恋に落ちた世間的に許されない男性（一番目）と駆け落ちし、世間の目から逃げるようにして結婚生活を送るよりも、親が選んでくれた結婚相手にふさわしい相手（二番目）と結婚するほうが幸せになれる。先ほどの話はこんな古い時代的背景からきている言葉のように思えてなりません。


何万人もの恋愛、結婚、夫婦生活に悩める人たちをカウンセリングしてきて思うのは、**二人のなかにお互いに対する「愛」が芽生えていないと、関係が長続きしない**ということです。

そもそも、好かれる、二番目という前提では、傍観者のようなポジションになってしまいます。これでは、長年連れ添うことで夫に対する「情」は生まれるかもしれませんが、「愛」は生まれません。

そして、好きと言ってくれた夫も、「好き」という感情から、「愛する」という感情を妻と一緒に育むことができないため（妻のなかに自分に対する愛を見つけられないため）、愛までには発展しません。そして、好きという感情はもろく、意外に簡単に薄れていくものです。

相手と本気で関わってみる。本気で好きになった同士であれば、好きとか嫌いとかのレベルを超えて、愛を育み、絆と信頼を強めていけるのです。

本気で自分の人生を通して関わり続けていきたいと思える人、それが一番大切な人であり、一番好きな人ではないでしょうか。

人生のパートナーこそ、相手に選ばれるのではなく、自分の一番を選んでほしいなと思います。

そして、無難、そこそこ、妥協、我慢グセを取りのぞき、どんなときも、好き、一番と本気で思えるものを選んでいくことが、日々の生活を豊かに、幸せでいっぱいに満たしてくれる大切な源だと思います。

たとえば、ワンピースが2着あるとします。

「本当はこっちが欲しいけれど、ちょっと値段が高いし、おしゃれすぎてあまり着る機会がないかも」

そんなとき、つい着まわしができる無難なほうを選んでしまうことがありませんか？ じつはこういう思考をしていると、それがどんなときも顔を出します。

私は、一番欲しいものが手に入らないときは、とりあえずで二番目のものを買いません。買い物だけではなく、すべて同じです。二番を選ばないのです。

無難グセを手放そう

私がニューヨークに住んでいたとき、友人たちと4人で食事をしたことがありました。みんなで盛り上がって「ワインを飲もう！」ということになったのですが、みんなあまりお酒は強くなく、ボトルを頼むと残ってしまうかもという状況。こんなとき、あなたならどうしますか？

日本人には「残してはいけない文化」が根づいていることもあって、飲みきれるようにグラスワインにしがちですよね。でも、グラスワインで提供されるものには限られた銘柄しかありません。

迷っていると、私以外のメンバーは、

「せっかくみんなで集まっているんだから、おいしいワインを飲もう！」

「残ってもいいじゃない。一番好きなのを頼もうよ！」

と即答！　その結果、わいわいと、大本命のワインを囲むことになったのです。おいしいワインに身も心も満たされて、みんなで楽しい時間を過ごすことができました。

ニューヨーカーは無難な選択をせず、一番お気に入りを選ぶことが当たり前なんだと、当時は衝撃を受けたのを覚えています。

その日から、私は無難なものを選択するクセを、手放すことにしました。

この無難グセをそのままにしていると、いつも満たされない思いを抱えることになってしまいます。

ではどうすればいいか。もし欲しいけれど高いものと安くて無難なものとがあって、「欲しいものはちょっと高いな」と迷ったなら、思いきって「高いほうを買う」もしくは、「何も買わない」という選択をすることです。どちらの選択が自分にとってメリットが大きいのかを基準に考えて、最終選択をします。

どんなときも二番目、妥協の選択を続けていると、それがスタンダードになってしまう。

死ぬまで二番目ばかり選び続ける人生……。あなたは手に入れたいですか？

言葉にするとなんだか悲しくなってしまいます。

だから、私は欲しくもないものを買いません。そのため、コンビニでもほとんど買い物をしないのです。一番を選び続けて数十年、適当にあるものでとりあえず埋めるという感覚でものを選べなくなっている自分に気がつきました。

二番目グセは伝染する

この二番目グセがさらに厄介なのは、まわりに伝染するということ。

たとえば、親がいつも二番目、三番目を選んでいると、子どもも無意識に同じ選択をしてしまうようになるんです。


一番を選んだときの心の満足度は、二番目とはまるで違います。

二番目を選び続けていると、本当の満足が得られず、もっと満たされるものがあるのではないかといつまでも探し続けることになってしまいます。

「私が心から満足するのは？」と自分に質問し、一番を選ぶクセをつけてみてくださいね。

結婚しても、夫の舟に乗り込まない

これまでにもお話ししてきましたが、「自分の生き方を持ったら、結婚生活がうまくいかなくなるのでは？」となぜか思い込んでしまっている女性が多いです。

「だって、自分の生き方を持っている妻のロールモデルを知らないし……」

「自分がすごく大変になってしまうんじゃないかな」

「いまでさえ大変なのに、さらにとんでもない状態になったらどうしよう」

と相談してくる女性もたくさんいます。

そもそも、「どう生きたいのか」という質問が難しすぎて見当もつかないという人もいます。

いままで考えてこなかったのなら、答えが出てこなくても仕方がないかもしれませんね。


人生を舟にたとえてみます。あなたは自分の人生の舟に乗り、自分でその舟を操縦しています。彼も彼の人生の舟に乗り、その舟を操縦しています。そして子どもが生まれたら、子どもも子ども自身の舟に乗っています（ただ、子どもは大人になるまでは一人では生きていけないので、親の舟からの長いロープでつながれている感じでしょうか）。

これが本来の姿なのです。でも、なぜか私たち女性には、結婚と同時に自分の舟を捨て、どうしても相手の船に乗り換えようとする人が多いんです。結婚したら、相手の舟に両足とも突っ込んで乗り込む。二人で同じ舟に乗る。結婚ってそういうものだと、どこかで思っていませんか？

幸せな結婚というのは、お互いに自分の舟に乗ったまま、同じ方向を向いて進むことなんです。そんなイメージを持っていると、それぞれが自由で、それぞれが自分の人生に責任を持って自分の舟を好きなようにコントロールしていくことになりますよね。ぜひそんな生き方を目指してみてほしいんです。

自分の舟を持っていたのに、それを捨てて彼の舟に乗り込んだとします。舟は彼の人生そのものです。彼が彼の航路（生き方）を決める船長さんです。人生のタイミングでする大きな決断も、日々の小さな行動も、すべて彼のコントロールの下。たとえ大好きな相手でも、あなたの考え方、生き方、行きたい方向といつもいつも一緒ではないはずです。

彼の舟に乗って、彼の選択に従い続けていると、だんだん妥協するようになってしまいます。

「私はこうしたいのに、私の思いは叶わない。いつも彼の言うことを聞いていかなければいけない」

次第に、なんのために生きているのかがわからなくなってしまうんです。自分がどうしたいか考えることをやめてしまう人もいます。

そうなると、どんどん幸せから遠ざかっていきます。いま、こんな思いをしているのは、彼のせい。彼がすべて悪い！　心が満たされない原因は全部彼にある、と人のせいにしてしまうのです。

妻が自立していると、家族全員がハッピー

結婚して仕事をやめて、専業主婦の日々。子どもが小さいうちはお世話する毎日で気づかなかったけれど、子どもが幼稚園に行くようになった頃に、

「私って……なんだかただの家政婦みたい」

結婚前は別々の舟に乗っている

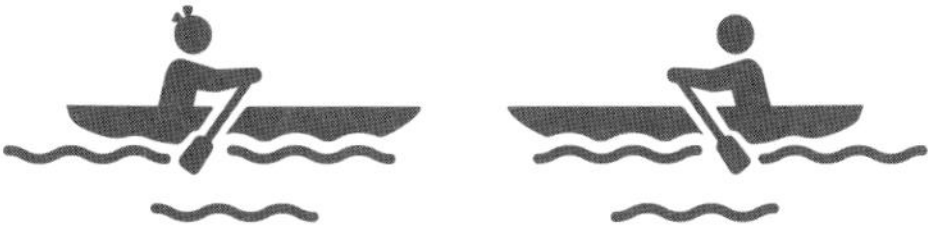

結婚して…↓

✕ 自分の舟を捨てて
彼の舟に乗り込むのは危険!

○ 同じ方向を見つつ、
それぞれ自分の舟を操縦する

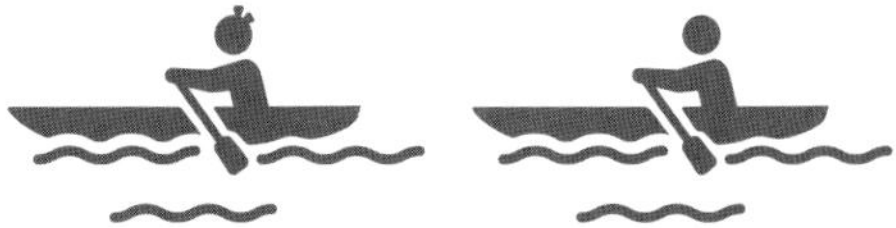

※夫よりも妻が先に進むタイミングも、後ろに下がるタイミングも、横並びのタイミングもあります。P225参照。

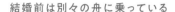

「だからって、いまさら怖すぎて社会に戻れない」
と、自分の存在意義がわからなくなり、身動きが取れなくなっている女性もすごく多いのが現実です。

働きに出ようとしても、とくに日本は年齢制限もあるように思います。雇う側にも、何年も空白がある年齢の高い人よりも、若くて賃金が低く、気軽になんでも頼める人がいいというような風潮がありますよね。

私が米国で会社経営をしていた頃、初めて採用面接をする際に、日本との違いに驚いたのを覚えています。たとえば、人種、性別、宗教、家族構成、身体的障害、民族、家系、出身国に関する質問、子どもの年齢を問うのも、違法だったんです！

さらに、履歴書に写真を貼る必要もなく、年齢を書く必要もない。面接時に、年齢や結婚しているかどうかを聞くこともNGなのです。採用基準は、人柄・経験・ニーズとのマッチ・プレゼン力で、それによって仕事が決まるシステム。日本にもこのようなシステムが導入されるといいなと思っています。

話がそれましたが、**いつも自分で自分の舟の舵を切っていくようにすれば、もし夫**

に何かあったときでも、大きな影響や打撃を受けずにすみます。夫の舟が揺れたとしても、自分の舟は揺れないので、何かあったときも何も怖くないのです。

また、妻が安定しているため、夫は淡々と自分のことを解決していけばよくなります。そんな安定感が、夫にとってはどれほどありがたいものか。二人で乗り越えたときには、より深いレベルでの信頼関係を感じると思います。

そして、変な言い方かもしれませんが、いい意味で「相手を失うことへの怖さがない」と思えるんですね。それって生きる力に直結するんです。

あなたが自分の舟を持って自立してイキイキと生きていると、家族にイキイキ感が伝染します。子どももママの姿を見て、大人の世界っていいな〜って、大人になれる日を楽しみにするようになるでしょう。

そのためにも、「自分はどうやって生きていきたいのか」という考えを持ち続けること。これがすごく大切です。

だからといって、積極的に大きなものを背負おうとする必要はありません。

「○○が好きだから、○○をやり続けよう」という趣味の領域でもいいですし、ボランティアでもいい。もちろん仕事でもいいんです。自分らしさを出せて、すごく楽しいと思えて、没頭できるものなら、なんでもOK。打ち込めるものを持っているのとそうでないのとでは、人生はまったく違ってきます。

「あなたを一言で表すとしたら？」「あなたが大好きなものは何？」

この問いに、パッと答えられるようになれるといいですね。

とくに女性は、自分の生き方を持つということを本気で考える習慣がないかもしれません。でも、「だからできない」というのではなく、いまからどんどん自分の思いを叶えていけるように変わっていけばいいのです！

これは何歳になってからでもできることです。「○歳だからできない」という発想は、自分がつくり上げている枠や壁にすぎません。自分の未来に制限をかけるものです。いらぬものは、どんどん自分で壊していきましょう。

夫は、妻の影響をものすごく受ける

「もし夫が満たされていないときには、どうしたらいいんですか？」

そんな質問が寄せられることもあります。

先にお答えすると、そもそも自分でしか自分のことを満たせないので、妻であっても彼のことを変えることもコントロールすることもできません。

一番いいのは、彼が今の生き方を自分で選んでいることを理解し、受け入れてみること。そして、彼が選択した生き方を尊重してあげて、自分は自分で満たされた生き方というものを彼に見せていってあげること！

あなたが満たされている姿を見せていくと、「あ、そんな生き方もできるんだな」といい意味で相手に新しい価値観やよい影響を与えることができます。

意外かもしれませんが、じつは、夫はしっかり妻の影響を受けます。夫婦はお互いの鏡。この性質を、うまく使いましょう。

あなた自身が満たされた気持ちで生きていて、夫にとって絶対的に安全な場所でいると、彼はこんなふうに思うようになります。

「この人は、自分が何かやろうとしても反対しないし、いつも応援して見守ってくれる。たとえ失敗したからといって、自分を責めたり、否定したり、離れたりしない。何があっても自分に対する見方が変わらない。絶対的な安心感を持って信頼し、応援してくれる」

妻が絶対的な存在であり、安全基地だとわかると、夫は外に向けてなんにでもチャレンジできるようになるんです。

ここまでの状況に持っていくのには、少し時間がかかるかもしれないけれど、2～3年、時間をかけるつもりでいれば、かならずハッピーな関係になれます。

男性はいくつになっても、少年のようなところを持ち合わせています。大きな安心感のなかでのびのびと自分を発揮し、挑戦することを恐れず進んでいく、という少年心をかき立てられるといいですね。

「妻はなんでも理解してくれる」と思えたら、夫はもう一度、夢や生き方に明るく思いを馳せることができます。せっかく結婚生活を送るのなら、みんなが幸せなのが一番いいはず。そのためにも、「目指せ！　現代のアゲ妻！」です。

STEP 1

まとめ

- □ 妻が自分を幸せにすること＝夫婦の幸せ
- □ 「私はどうしたいのか」をいつも、どんなときも考える
- □ 自分の価値を自分で見つけてアピールする
- □ 夫を変えようとせず、「夫に影響を与える」と考える
- □ 妥協せず一番欲しい物を選ぶ
- □ 自立し、自分の生き方を持つ

STEP 2

男性を正しく知れば、夫の愛をしっかり受け取れるようになる

彼の愛は、本当に消えたのか？

STEP1では、自分を満たすことの大切さをお話ししました。あなた自身を満たす方法を、少しずつ自分のものにしていただけると嬉しいです。

さて、次なるSTEP2は、自分が整ってきたからこそできること。ずばり、「夫の愛を受け取る」です。

これは男女の違いゆえなのですが、夫が妻に愛情を持っているのに、それに妻が気づけない、あるいは気づいても上手に受け取れないばかりに、すれ違っている夫婦がとても多いのです。

夫が（彼なりに）愛情を示す
↓

妻は気づかない。上手に受け取れない。それどころか怒りで返す

これが続くと、

夫は何をしても無駄だとやる気を失い、何もしなくなる

←

妻は愛されていないと感じ、悲しみや不満がたまる

←

ケンカが増え、次第に夫婦の会話がなくなり、互いに無関心になっていく

もし妻が夫の愛を上手に受け取れるようになると、こうなります。

夫が（彼なりに）愛情を示す

←

妻は喜んで受け取る

↓
夫はやる気になり、もっと愛情を示す
↓
妻はますます喜び、愛情を返す
↓
夫も妻も、お互いへの愛を深めていく

このように、出発点が同じでも、妻の受け取り方が変わるだけで、夫婦のあり方は真逆と言えるほど変わってしまうのです。

STEP2では、男性という生き物を正しく知ることにより、夫からの愛をしっかりとキャッチできるようになる方法をお伝えしていきます。

ここで質問です。

男性って、どんな生き物だと思いますか？

そんなこと、いままで一度も考えたことがなかったという方も多いかもしれません。

でも、**長く続く幸せな結婚生活を送るには、男性という生き物を正しく知ることが重要です。**なぜなら、それが二人の愛を育むカギとなるから。

結婚相手だから、価値観も性格も似ていると思いがちですが、「まったく違う二人」という前提に変えるだけで、違いを理解し合おうと努力したり、尊重したり、違うからこそのおもしろさ、ときには難しさを感じるようになると思います。その繰り返しで、二人の関係は格段によくなります。

この章では、ぜひ押さえておいてほしいことを厳選してお話ししていきます。

男性の愛を自分のものさしで測ってはいけない

まず、男と女では、愛し方に大きな違いがあります。

女性は、「日常のなかで何かをしてあげる」といった、小さい枠のなかで愛を表現します。一方で男性は、小さな枠を越えて、「見守る」「保護する」といったものすごく大きなスケールで愛を示します。

ご両親を思い浮かべてみてください。いろいろなご家庭がありますが、お母さんは身のまわりの細かな面倒を見る役割。お父さんは外で稼いで家族がお金に困らないようにする役割をすることが多かったのではないでしょうか。

これはそのまま愛情表現とも言えます。世話を焼くのがお母さんの愛で、家族が安全に過ごせるように、家やお金を用意するのがお父さんの愛し方だったのです。

このように、男性も男性ならではの方法で愛を表現しているのですが、**女性は日常の身近なところばかりに目を向ける傾向があるため、パートナーから大きな愛情を注いでもらっていることに、気づいていないことが多いのです。**

もし「私、そうかも！」と思い当たることがあったら、愛を測るものさしをまずは長くしてみてください。

これまで多くの男女にカウンセリングをしてきたなかで、私がぶち当たる壁がありました。それは、男と女という性別からくる価値基準や優先順位などの違いをどう理解してもらい、調整してもらうか。この部分をわかりやすくカウンセリングできるようになりたいと思い、実際のクライアントさんにインタビューを開始しました。

「あなたにとって何が大事ですか？」

なぜ、それが大切なのか。表層的な意味と、深層にある意味。それらを探っていくなかで男女の接点が見えてきたのです。

女性の場合は、トップ1、2に愛と家族がランクインすることが多い一方で、ニューヨークで活躍している男性の場合は、トップ10のリストに、愛や家族はほとんど入りませんでした。トップ1、2に仕事、お金。そして3番目には趣味が入ってくるのです。

一見、まったく合わない価値観の優先順位。しかしよくよく話を聞いていくと、男性のリストのトップ1、2に仕事やお金が入る理由、それはすべて妻や子どもなど家庭のためだったりするのです。家族がお金に困ることがないように、できるかぎりの教育などを受けさせてあげられるように、などです。

ということは、女性のリストのトップ1、2に入る愛や家族と結びつくのです。

言葉には、その人特有の真意があります。自分だけの価値観で、その言葉の意味を解釈してしまうと、誤解が生じてしまいます。その言葉が意味していることは何か、その真意を相手とすり合わせていくことができれば、相手の気持ちが理解できなかったり、寂しさ、不安、不満が湧きあがったりすることもぐっと減るでしょう。

理解しがたいのは、3位の「趣味」。でも、じつはこれもすべて家族のためにつながるのです。仕事とお金を1位、2位にランキングさせ続けるためのリフレッシュ要素が趣味だからです。

ここまで聞くと、大切な人を守り抜くという男性の信念と優しさに感動しませんか。彼らが大切な家族を守り続けたいという思い、この気持ちがいつまでも変わらず続くかは、パートナーである私たち女性側の課題です。パートナーシップは一方通行では成り立たないからです。彼らの思いをどこまで理解し、サポートできるかにかかっています。

まずは、この事実を知り、愛を測るものさしをぐっと伸ばして、二人でハッピーになりましょう。

夫の行動はすべて「私のため♡」と受け取る

男性は、「この人を俺が幸せにする」と決意すると、よほどのことがないかぎりその決意が揺らぐことはありません。**誰を一番大切にしなければならないのか、彼らの頭のなかでは明確になっています。**

一方で、妻の皆さんに知っておいてほしい大切なことは、**愛し方や、愛を表現するタイミングは、妻が望んでいるものとは違う**ということなのです。愛はいつも突然で、わかりにくいものです。アンテナをはっていないと、キャッチできないものかもしれません。

だから、まずは、

「彼は、私を幸せにしたいと思って私と一緒になったんだ」

と、しっかり彼からの愛を受け止めてみてください。いまのご時世、独身であることの社会的不利益は減り、結婚の価値が減ってきています。「結婚はコスパが悪い」とさえ言われています。それでも、自分と結婚した彼。愛がデメリットを超えたのです。そんなふうに考えると、「彼が言っていること、彼がやってくれていることは全部私のためなんだ。彼が私に注いでくれるものは、全部愛情なんだ」と思えてきませんか。

もちろん、人によっては、照れ屋だったり、見栄っ張りだったり、あまのじゃくだったりするかもしれません。でも、その表面に現れている部分だけを見て判断するのではなく、その奥にある気持ちを見るようにしてみましょう。きっと彼の優しい気持ちが隠れています。

愛は「妻が欲しい形」ではこない

男性は男性で、私たちを喜ばせようとしたり安心させようとしたりして、いろいろ考えて動いているものです。もしかしたらそれは、私たちが欲しい形ではないかもしれません。食器を洗ってくれたけれど泡が残っていたり、洗濯物を干してくれていたけれどヨレヨレだったり……。

逆に何かこちらがやってみたことに対して、夫が文句を言ったり、けなしてくることもあります。

これって、親子関係と似ています。親も子どもに対して嫌みを言ったり、その子のためを思って、ときには厳しいことを言ったり。あえて本心と真逆のことを口にすることもあるはず。文句を言われたりけなされたりすると、思わずムカッとしちゃいますよね。

でも、ちょっと考えてみてください。こういうことは、愛がなければ言わないものなんです。だって、そんな発言をするなんて、本来は面倒くさいものだから（もちろん、限度を越したモラルハラスメントは別です）。

だから、もし夫が不機嫌な態度をとってきたら、「夫ってこういう人だから」と自分勝手に判断せずに、

「なんでこんなふうに怒っているのかな」

「なんでこんな言い方をするのかな」

と、彼になりきって（男になって）ちょっと考えてみるようにしましょう。

彼の立場になって考えてみると、真意が見えてくるかなと思います。心配しているのかもしれないし、焼きもちを焼いているのかもしれない。間違っても、言葉をそのままストレートには受け取らないこと！

あなたがかけてほしいと思う言葉はこないし、うわべだけのしゃれた言葉を使えない男性も多いし（笑）、しゃれた言葉を使えても、本当に心から言っているのかわからないこともある！　でも、悪気はないんです。

夫の言動の「ウラ」を探る

恵子さん（仮名）は、夫婦の関係をどんどん改善していきました。優しくなった旦那様。何十年かぶりに二人で旅行をすることになりました。しかし、事件が起こります。天気予報を見ると、旅行の日程がドンピシャで台風なのです。

キャンセルしなきゃと話をすると、「おまえがやれ！」と怒鳴り始めました。「やっぱりこの人嫌い！」といままでと同じ思考に染まりそうになったとき、どうして彼はこんなキャンセルごときで怒鳴るの？　と考えました。キャンセルの電話をすることは、彼にとってどんな感じ？

そこで見えてきたのは、「かっこ悪い、苦手」。もし怒鳴る代わりに本心をそっと打ち明けてくれたなら、きっと「俺、キャンセルの電話をするのが苦手なんだよね。代わりにやってくれる？」。でも、こんな弱音は男として言えない。男が廃《すた》る！

彼も、愛していないから怒鳴ったわけではないのです。そんな隠れている気持ちが見えた恵子さん。「わかった！　キャンセルは私がやるね。他の計画の立て直しの部分をお願いしてもいい？」と言ってみました。

すると、夫は「わかった！」と快く一言。その後、よくよく彼を観察してみると、思わず怒鳴ってしまうほど嫌なことを引き受けてくれた妻を、他の部分で不器用ながらもカバーしようとしていたのです。

いままでどれだけ、この不器用に表現される彼の愛を取りこぼしていたのでしょう。今回は、見逃さずにちゃんと見つけたことで、「ありがとう！」と感謝の気持ちを伝えられ、自分は愛されていると心が満たされたと言います。

「これは愛情表現なのかも」ということをたくさん拾ってみる。喜んで愛を受け取っちゃいましょう！　それがもし勘違いであっても、自分にとって都合のよい勘違いは、自分がハッピーになることだからヨシとしましょう。自分の心が安心感に包まれ、あったかくなります。

夫がしてくれることは全部拾っていく！

夫婦関係が冷えてしまう要因としてあげられる代表的なものに、

「相手が自分に無関心だったから」

「こちらがすることを、なんでも当たり前だと思われていたから」

というものがあります。これはお互いに言えることですが、始まりは妻のほうが無関心になる場合が多いんです。


そもそも相手に対して無関心になるには、段階があります。心のなかで相手に不満を持っていると、次第に嫌いだという気持ちが湧いてきます。もっと進行すると、相手を否定する気持ちが膨らんでいき、最終的に無関心になってしまうのです。

ですから、**最初の段階である「不満」が膨らまないようにすることがポイントです。**

夫婦や家族の間に「当たり前」は存在しません。でも日頃、料理や掃除、ゴミ捨てや洗濯、子どものお世話などすべて自分が担っているのだからと、夫が何かしてくれても「夫なんだから、父親なんだから、そんなことをやるのは当たり前」と思って感謝の気持ちを忘れがちです。

たしかに夫婦だから、お互いの行動が当たり前になるのは仕方のないことかもしれません。とくに自分のほうが負担が大きいとか損をしているという気持ちがあると、当たり前を通り越して〝やるべき〟と思ってしまいます。

でも、私たち女性も、自分の時間を削って子育てや家事などをやっているのに夫から「当たり前だろ」と思われたら、嫌だなって感じませんか。実際、日頃から感謝されたり、敬意を払われたり評価されたりすることは、ほぼないのではないでしょうか。

「私ばっかりやっているのに、私ばっかり感謝するなんておかしい！」と思う人もいるかもしれません。それでも、まずは夫がやってくれていることを見つけて、自分から「ありがとう！」「助かる！」と感謝してみましょう。妻が変われば夫も変わる。当たり前は存在しないという概念を私たちが示していくのです。互いが当たり前をなくし、優しい気持ちで接していけば、相手を思いやる気持ちが自然と生まれます。

「ありがとう」が言えるだけで、関係はどんどんよくなる

当たり前なんて存在しないという前提で夫の行動を見てみると、見過ごしてしまっているいろいろなものが、目に入ってくるようになります。

夫がしてくれていることをたくさん見逃してしまうと、やがて夫はそれをするのをやめてしまいます。しばらくはやっているけれど、認められなかったり、相手が喜んでくれなかったりすると、人ってなんとなく無意識にやめてしまうもの。

これは、愛が捨てられている瞬間です！　もったいなさすぎです。その愛、戻らなくなってしまいます。まず、自分発信で彼の言葉や行動に気づいて、どんどん認めてあげてほしいなと思います。

大人になると、社会のなかで認められ、受け入れられる経験が極端に減ります。でも、自分だけはそれをする！　どんな変化があるか楽しみになりませんか。

たとえ彼が途中でやめていつもの姿に戻ってしまっても、それは普通のこと。元の慣れた思考や行動に戻るのは、変革するときよりも簡単で早いもの。そんなときでも、彼がやってくれていることをどんな小さなことでもいいから見つけてほめていくと、また行動が増えていきます。

夫は私たちの働きかけで変わります。日頃から、ねぎらいの言葉をかけていますか？　ほったらかしにしてはいませんか？

夫がしてくれたことに対して、

「こういうことをやってくれて嬉しかったなー。ありがとう！」

と、どんどん伝えていくようにしましょう。

習慣にしていると、不満が減り、感謝の気持ちがあふれ出てきて、どんどんいい関係に変わっていきます！

男性は「結婚相手」となるとシビアに選ぶ

以前、クライアントの男性がおっしゃった言葉で、印象的なものがありました。

「恋愛だったらどんな相手でもいい。そんなにこだわらない」

男性にとっては、恋愛は楽しむことが一番の目的。最初から長く一緒にいるということは考えていないので、相手の中身より外見を気にします。外見が整っていて自分の許容範囲であれば恋愛できる、という感覚の人が多いようです。

でも、結婚となるとまったく事情が変わってくるんです。

外見が合格ラインであるほうがいいとは思いますが、大切なのはその先！　結婚相手となると、男性は女性の中身を見ます。恋愛には主に楽しむことを求めますが、結婚に求めることは一気に増えるんです。

「長く一緒に住んでいける相手かどうか」

「子どもの母親になる資質があるのか」

「健康的な生活を送っているか」

「ここぞというときに精神的にタフかどうか」

などなど、けっこうシビアに見ています。何かあったときにいつもパニックになられたら困るので、精神のバランスがとれているか、柔軟性があるか、優しさを持っているかというところまで、じつはしっかりチェックしています。


こうして見てみると、男性は、結婚相手には健康的で自立している女性を求めているということがわかってきますね。**その厳しい目で見られ、結婚相手として選ばれた。そして自分も彼を選んだのだからと、自信を持っていいのです。**

そのうえで、自分の価値を知って、さらに中身を磨いていくこと。STEP1でお伝えしたように、一般的な価値ではなく、自分のなかにある「自分だけの価値」を知り、磨くことが大切です。結婚生活を豊かにするには、ここは外せません。

男性は相当の覚悟を持って結婚を決める

男性には、有言実行体質のところがあるようです。やると決めたらやる。途中で逃げたら負けだ！　もちろんこんな熱いタイプばかりではないと思いますが、幼い頃から「男は細かいことを気にするな」「泣きべそをかくな」「弱音を吐くな」と言われて育ってきている人が多いのが理由の一つかと思います。

一方の女性側は、男性に比べて、気持ちがコロコロ変わりがち。「女心と秋の空」なんて言葉があるくらいですものね。あれこれ迷ったあげく結局やめる、なんてことも多い。そのときの体調や機嫌によって発言も気持ちもコロコロ動く……。

どちらがいい悪いという話ではありませんが、これは男女の特性として結婚観にも表れます。

男性と女性では、結婚に対する覚悟が違います。たとえば男性で、

「ダメだったらすぐ実家に帰ろう」

「ちょっとでもうまくいかなかったら別れよう」

という非常口を持っている人は少ないはず。どちらかというと、「うまくいかせるにはどうしたらいいか」を考える傾向があります。**結婚生活を維持するために、最後の最後まで我慢する人は、男性のほうに多い**んです。

ときどき、妻の権力がずいぶん強い夫婦を見かけませんか？

まわりから見ると不思議に映るかもしれませんが、奥さんから何度もダメ出しや否定をされて傷つけられても、「妻が笑顔に戻ってくれるタイミングがくるかもしれない」と、夫はギリギリまで、我慢強く、妻の気づきや成長を待っているんです。でも、女性は何かあると、

「こっちから抜けよう、あっちから抜けよう」

と、臭いものには手をつけず蓋をして、非常口から逃げることを考えたりしています。一見、真逆に見えるかもしれませんが、実際はそうなのです。二人の関係維持については、女性よりも男性のほうが我慢強い傾向にあるということは、私自身も多く

の男性をカウンセリングして知った、衝撃的な事実でした。

こんなふうに、一度結婚したら粘り強い男性だからこそ、結婚には相当の覚悟が必要なんです。なんといっても、男性にとって結婚は、相手の人生を背負うという意味でとてつもなく大きなリスクがあるもの。

全員がそうではないかもしれないけれど、男性にとって、結婚は女性が考えるよりも、もっともーっと重いものなんです。

愛に対する覚悟が、女性にも問われている

昔に比べると、男性に向けられる「結婚して初めて一人前だ」という世間の目ははるかに和らぎ、プライベートについてあれこれ口出しされることも減りました。就職したら終身雇用が当たり前という考えも薄まり、転職も一般的な時代になりました。

女性のように、出産のタイムリミットもありません。結婚市場でも、女性に比べて年齢制限が厳しくなく、いくつになっても恋愛も結婚もしやすいと言えるでしょう。

そんな立場の人が、たった一人の人と結婚を決めるというのは、大決断です。

彼女の人生を背負おうというまでの決意であること。

どんなことをしても彼女を守ろうという気持ちで結婚してくれていること。

そして、そう決意した男性があなたの目の前にいるということは……、もうそれがあなたに対する愛の表れであり、答えなんです。

このことは、あらゆる女性に知っておいてほしいなと思います。男性側の覚悟を知ると、感謝の気持ちや幸せ感が生まれたりしてきて、もっと愛情深い目で夫のことを見ることができるのではないでしょうか。

「せっかく夫婦になったんだから、この人と最後まで向き合ってみよう」

そんな愛に対する覚悟が、女性にも問われているように感じます。

家に帰ってこないのは、妻への愛ゆえだった

仕事が忙しすぎて帰ってこない夫に悩んでいたナナさん（仮名）の話をします。彼女は、自分の意識を変えることで、夫婦関係が激変しました。

商社に勤める夫は、休日出勤もあり、平日もナナさんが寝静まった深夜に帰ってきて、シャワーを浴び仮眠をとるだけでまた出勤していくという日々を送っていました。ナナさんのほうは、当時は子どもの存在が一番で、「夫は大人。自分のことは自分でお願い！」という気持ちで二の次にしていました。毎日深夜に帰宅する夫に自分の睡眠が妨げられてしまうことにイライラしていたそうです。そんな状態だったので、彼にはねぎらいの言葉どころか、

「あなたが何時に帰ってくるかわからないから、全然眠れない！」

と不満をぶつけていたと言います。

厳しい言葉ばかり言われた夫は、明け方近くに帰宅し、シャワーだけ浴びて出勤するようになりました。これでは、一緒に過ごす時間がなくなるどころか心もどんどん離れていき、完全な悪循環です。

そこで、私はナナさんに、旦那さんが毎日頑張ってくれているから家族みんなが安心して暮らせているんだということを、思い出してもらうことにしました。

時間をかけて振り返ってみると、だんだん夫に対して感謝の気持ちが湧いてきたそうです。そしてあるとき、彼女は面と向かって、夫にこう伝えました。

「いつも遅くまでお疲れ様。家族のためにありがとう。でも、あなたの身体が心配だから、仮眠をとれるときは何時でもいいから帰ってきてね。いままで厳しいことを言ってごめんなさい」

すると、夫がこう返事したと言うのです。

「途中で起こしちゃ悪いから、深夜に帰宅するなら明け方にしようと思ったんだ」

気まずくて奥さんの顔を見たくないから帰ってこなかったわけではなく、彼なりの気遣いだったことが判明。それからは、帰れるときは早く帰ってきてくれるようになったそうです。

つい先日、「もっとあなたと一緒に過ごしたいな」と伝えたら、旅行の計画を立ててくれるまでになったと喜んでいました。

こういう誤解って、じつはよくあることなんです。でも、腹を割って話してみないと、誤解は解けないようにできているもの。一見どんなに悪い状況に思えても、覚悟を決めて向き合ってみると、夫婦関係は再構築できるものです。何かわだかまりがあったら、ぜひトライしてみてくださいね！

夫は「尊敬できる妻」を無意識に求めている

自分の妻が仕事を通して社会に貢献している姿が見えたりすると、夫からの尊敬にもつながります。

「俺の妻、すごいじゃないか！」

と思えてきて、それが

「そんな妻を選んだ俺ってすごい！」

という発想になっていきます。

わが家では、私がお客様からいただいたお礼の手紙を夫に見せたりします。お客様たちがどうやってこういういい状態になっていったのか、と夫から質問されたら、

「悩みや問題はこうで、その解決策の糸口は○○だったから、こんなワークをしてもらいながら、こんなことを実践してもらったんだ」

と伝えることも。弁護士の夫は仕事で離婚問題なども扱っているので、人と人が関係を改善していったストーリーを聞くと、いい刺激になるようです。しかも、なんとかまだ解決策があるのではと思うお客様には、「まずは私の妻の著書を読んでみてください」と本をプレゼントしているようです。

趣味の世界で刺激を与え合うこともできます。たとえば私の夫はゴルフが大好きだけど、私は全然詳しくない(笑)。でもゴルフの数字についてはわかるので、スコアや順位を一緒に喜んだり、自分のスイングを録画して何度も見返している夫にどこを見て勉強しているのかを聞いて、楽しんでいます。

それぞれが違うものに没頭していても、お互いにおもしろがっていれば、十分刺激になるんです。

「自慢の妻」は夫の自尊心を高める

もう一つ大切なこと、それは「尊敬」です。

女性は、「尊敬できる相手」を求めてしまいがちですが、**「自分が相手から尊敬され**

る人」であるかどうかは、長い結婚生活において、とっても大事なことです。

夫から尊敬されると、いい関係が長く続きます。なぜなら、妻が自分のしていること（仕事、家事、育児、ボランティア、地域活動などなんでも）に価値を感じられないと、自信をなくし、自分より夫のほうが上の立場であるように思えてきてしまいます。すると夫も妻を下に見るようになっていく——そうなると、パワーバランスが崩れてしまうんです。

いろいろな男性と話してきて実感するのは、男性は無意識のうちに、相手を尊敬したいと思っているということ。尊敬できる妻のほうが、一緒にいて嬉しい。先ほども少し解説しましたが、そのほうが**自慢できる妻＝自分の価値**につながるからです。つまり、妻が尊敬できる人であれば、それだけ自分もすごい人間だと証明できることになるんです。

女性にとってもそうだと思いますが、「尊敬」という気持ちは、一緒にいる人との結びつきの大きなキーワードになります。お互いが尊敬し合えていると、お互いがそれぞれの応援者になって、いい影響を与え合って、結果的にとっても大きな相乗効果を生むようになります。

夫はもっと妻の人生に関わりたい

あなたは、夫には弱いところを見せてはいけない、わがままを言ってはいけない、なんて思っていませんか？

「十分甘えてます！」ということだったらいいのですが、もし甘えるのを遠慮しているとしたら考えものです。なぜなら**夫は、ときには妻にわがままを言って甘えてほしい、頼ってほしいと思っているもの**だからです。

それなのに、甘えたり頼ったりしてはいけない、あるいは甘えたら負けだ、と思って夫と無意識に戦っている女性が多いのも事実。

最近よく聞くのが、なんでも自分で解決しなきゃと思って、相手に少しも相談せずに「夫はこういう人だから」と想像の世界で勝手に察して動いたり、一人で解決したりしてしまうケース。これは男性にとって、すごく寂しいことなんです。

転職でも買い物でも、夫を巻き込む

たとえば、いまの仕事が自分としてはあまりおもしろくなくて、やりたいこととちょっと違うなと感じ始めている場合。いちいち夫に相談せず、

「転職しようかな。でもいまのタイミングで辞めるのはよくないな」

「大変になるかもしれないし、彼がどう思うかわからない。嫌だけどとりあえず辞めないでおこう」

と、自分で結論を出してしまうとしたら、黄色信号かも。迷っているときには、

「いまこういう状況で、こうしていこうと考えているのだけど、もし、あなたが同じ状況にいたらどうする？」

と聞いたりして、もっと頼っていいんです。男性は喜んでアドバイスや解決策を提示してくれます。

これまで、彼に〝黙って話だけを聞いてほしい〟のにもかかわらず、アドバイスや解決策をガンガン返されたという経験はありませんか。そう、男性はアドバイスや解

決策を出すことに長けているのです。自分の視野を広げる意味でも、どんどん意見を聞いてみてください。

家具や家電などを買うときも、気に入ったものがあったら「私、これが欲しいな」と伝える。買うか買わないかは家計の状況も加味しながら彼に決断を求めます。そして、買うと決断してくれたら、とびきりの笑顔で喜ぶ。

妻がとても喜んで、自分が決断したことを賞賛してくれたら、夫にとって何よりも嬉しいことです。出費の痛手が、たちまち投資効果の喜びに変わります。

つまり夫は、
「もっと妻の人生に関わりたい」
と思っているということ。関わらないと幸せにしたくてもできないものだから。だから、どんどん巻き込んでしまいましょう。

夫に意見を聞いても、その通りにしなかったらガッカリさせてしまうかもと思う人もいるかもしれませんが、

「意見がすごく参考になったよー」

「あなたの意見があったからこそ、これを選べたんだ！」

と感謝を伝えつつ、最終判断するうえで夫の意見がこんなふうに役立ったと思考のプロセスやステップも話すと、彼は役に立てたと思えて、その後も嫌がらずにいろいろやってくれるはずです。女性は、ここを悪いとか面倒と思って飛ばしてしまうので、男性は「俺が何か言っても意味がない」と何も言わなくなっていってしまうのです。

おねだりも大いにアリ

旅行へ行きたい、何か買ってほしいというおねだりも、ときにはいいと思います。

もしわがままだと言われたら、

「こういうわがままを言えるのってあなたしかいないから」

「わがままを言ってみたかったの」

とかわいく返しちゃう。相手はそれで嫌だなとは思わないはずです。

すぐには旅行に行けなくても、「ここ行きたい！」と伝えておけば、あるとき思い出したように、「そういえば、旅行に行きたいって言ってたよな」と夫のタイミングで連れて行ってくれたりもします。

「言ってもやってくれなかったから、もう言わない！」なんてプンスカして終わりにするのではなくて、長い目で見るようにしましょう。彼のタイミングが早くきますようにと願いを込めて！

「癒やし」だけでは飽きてしまうのが男性

それからもう一つ、女性が勘違いしがちなポイントがあるんです。

それは、「女性は男性に、癒やしの空間をあげればいい」と思い込んでしまっていることです。

「君といると癒やされるよ」

「家庭は癒やされるな」

と夫から言われると、嬉しいものですよね。でも、じつは男性は癒やしだけでなく、刺激もときには欲しいものなんです！　癒やしだけでは退屈を感じて飽きてしまうからです。贅沢すぎではあるのですが、それが人間でもあります。

では、飽きない関係を築くにはどうすればいいのか。

家庭のなかに、癒やしと刺激の両方を取り入れる工夫をすることで、夫が外に刺激を求めることはなくなり、話したい相手がいる帰ってきたい場所になります。

妻の仕事の話も刺激になる

「刺激」と言われると、何かとんでもなくハードルが高いと思ってしまうかもしれませんが、簡単に言えば、**自分をもっと開示して多面性を出す**だけでも十分な刺激になります。一人では経験しきれない世界を見せてもらえるからです。

たとえば、夫がエンジニアとして会社勤めをしていて、家では妻が手芸作家として作品を制作している。そうすると、夫は妻の仕事を通して自分の知らない世界を見せてもらえることになりますね。これも立派な刺激の一つ。

もしあなたが仕事をしているなら、関わる仕事の話を、おもしろおかしくストーリーにして話してあげたりするといいかもしれません。

仕事でなくても、「今日、駅前のとんかつ屋さんがすごい行列だった！ 昨日テレビに出たみたい」「バスで隣り合った人とおしゃべりしたら、あなたと同じ業界の人だったよ」など、夫が興味を持ちそうな情報を提供するのも刺激になりますよ。

「妻に認められている」と思えるだけで夫は自信が持てる

いまも昔も、男性は自分に自信をつけてくれる女性を求めています。

ではそもそも、男性はどんなときに自信を持てると思いますか？

答えは、自分の存在が認められている、受け入れられていると思えるとき。

「自分はとても大切で、必要で、大きな存在だ」ということを、女性の言動から感じられる――。そうすると、男性は自分の価値が上がったように感じ、ぐっと自信もつきます。女性も同じですよね。

私が開いている講座には、ステップの一部として「セルフイメージを上げる」をテーマにワークに取り組む回があります。生徒さんのなかには、仕事はバリバリできるのに、恋愛や夫婦関係となると、自信が……とつまずいてしまうという女性もけっこう多いんです。

仕事で得る自信と、人から愛されてつく自信は別物

男女問わず、仕事に過剰に没頭してしまう人は、もしかしたら親子の愛着形成がどこからかうまくいかなかったのかもしれません。

たとえば、親が自分に無関心だと感じていたり（きょうだいの世話や仕事、夫婦関係で手一杯の様子だったなど）、逆に過干渉だったり、心配性で子どもの代わりに何でもやってしまったり、子どものやることを心配だと言いながらダメ出ししたり、両親が死別していたり離婚していたり……という背景の人もいます。親との間でこういった傾向があった人は、仕事に思いきり邁進しやすいところがあります。

どうして仕事に打ち込むのかというと、打ち込める何かが必要だからなんです。仕事をすることで、喪失感を忘れられるような感覚です。

「仕事に打ち込めるならいいじゃない」と思うかもしれませんが、これはちょっと見過ごせません。こういう場合、仕事はうまくいくのですが、誰かと深い関係を築こうとするときに、問題が噴出してしまったりします。たとえば大きなトラウマがあったり、根っこのところで愛される自信がなかったり……。そうすると、パートナーシップでうまくいかないことが出てきてしまう。

仕事で得る自信と、人から愛されて得る自信は別物なんです。

妻が夫にとって絶対的な存在で、自分を裏切ったりせず、自分の元から逃げたり見捨てたりしない存在だということがわかると、夫は安心します。

「ああ、ここは俺がいつまでもいられる安全地帯なんだ」と夫に感じてもらえたら、うまくいっている証。

成功しているときだけでなく、どんな状態でも妻から受け入れてもらえていると実感できると、さらに仕事でもうまくいき、人としての器も大きくなっていきます。

では、夫からそう思ってもらうにはどうしたらいいと思いますか？

これはとっても簡単！

夫に対して、「彼なら大丈夫！」という絶対的な信頼感を持つことです。

何かアドバイスするのではなく、ただただ信じて見守るんです。彼があなたを必要としているときには、隣で寄り添ってあげるだけでいいのです。

女性は、感情を表現することが男性よりも得意です。でも、男性は「男だから弱音を吐くのはよくない」「男は泣いてはいけない」と育てられてきています。その分、なおさら自分の感情とつながるのは難しい。そもそも、そういうマイナスの感情を感じても言語化しにくいし、出すものではないと思っているかもしれません。男としてのプライドがあるし、いつも強くありたいとも思っているはずだから。

だからこそ、女性がそっとサポートしてあげるのがいいんです。

「彼女は俺のことを全面的に信頼してくれていて、どんな自分であっても受け入れてくれる」と、自信を持たせてあげましょう。

これが続くと、過去の親子関係で苦しかったことも、彼のなかで溶けていきます。

ただし少し注意してほしいのは、**世話を焼きすぎないようにすること。**

詳しくは後述しますが、夫が苦手なことをしてあげるときも、彼から「やってほしいな」と言われたときだけしてあげればいいのであって、あなたからほいほいと動く必要はありません。母親であれば察して「手伝おうか？」とヘルプするかもしれないけれど、私たちは母親じゃないから。じっと見守っていればいいんです。

夫婦関係をいいものにするには、あなた自身が無理をしないこと、頑張りすぎないことも、とーーーってもで大切です！

夫は妻の身体のことを意外と知らない

「子どもを産んでから、もう私は女として見られていないと思うんです……」

昔から、こんなふうに思い込んでいる女性が多いんです。実際、男性はどう思っているのでしょうか。

まず大切なことは、夫婦には鏡の作用が働くこと。**妻がネガティブな思い込みをしていると、夫のほうもだんだんその思いに引っ張られてしまうのです。**「私はもう女ではなく母親だし」という態度をとっていたり、スキンシップを断り続けたりしているなら、誘いはなくなります。

少し立ち止まって二人の未来を考えてみてください。本当にそれでいいのか。父、母であり、家族化してしまった二人が男女のロマンスを取り戻すのは、自然には難しくなります。何年かが過ぎ、二人目、三人目の子どもが欲しいと望んでも同じです。

「もうそんな対象としては見られない」

「男と女の関係はすでに何年も前に終わっている」

となってしまいます。この言葉は、実際に相談にきた男女の「生」の声です。

子どもの前でもハグやキスをしよう

日本には、子どもの前で〝女〟を出すことは教育上タブーであり、女性としての恥、親として失格といった独特な文化があります。お父さんとお母さんが男女の関係でいることが、いやらしいことであるかのような風潮がありませんか？

小さい頃にご両親が離婚され、のちにお母様が再婚された経験をお持ちの方などは、母親が自分の前で女を見せるのが嫌いでしたとよくおっしゃいます。それがトラウマになってしまっていることもあるほどです。

でも、私が海外に住んで知ったことは、むしろ**父親と母親が男女の関係でいないほうが不健全**だということ。お父さんとお母さんがベタベタするのはNGというのは、万国共通ではなかったんです。

子どもの前で女の部分を出すのは恥ずかしい、ダメなことだと思っている女性が、日本にはたくさんいます。でも、子どもがいようといまいと、私たちが男と女であることに変わりはないんです。

ハグやキスを子どもの前ですることは、「愛は続くもの」と教えるのにむしろいい影響を与えるはずです。70代、80代になっても、そんな仲のいい夫婦像を子どもや孫に見せることができたら素敵じゃないですか？　これ、後回しにしておいて、いきなり70歳になってから始めるなんてできないと思うんです。何十年ぶりにキスをしようとしても、「気持ち悪い！」って思うのが本音ではないでしょうか。

実際に、女であるという意識を妻がずっと持ち続けている夫婦は、いくつになってもスキンシップが取れて仲良しです。


身体について言えば、もう一つ知っておいてほしいことがあります。

それは、男性は、女性の生理的なこと（月経時や更年期にホルモンバランスが変化するとか、それがどんな影響を与えるのかなど）や、卵子凍結、妊活、産前産後に女性の身体がどんなふうに変化していくか、わかっていないということ。

女性は、月経前や月経中などホルモンバランスが崩れやすいタイミングのときは、頭がぼーっとしたり必要以上にイライラしたり、頭痛やお腹の痛みがあって相手に優しくできないときがありますよね。あなたの身体がそんなつらい状態なら、「いまこういう身体の変化が起こっていて、ちょっとしんどいんだ」と共有するのがおすすめです。そうすれば男性も、傷つくことなく受け入れられます。私の生徒さんには、身体の図鑑を見せて説明している方もいるくらいです。

産後のスキンシップ拒否は尾を引く

また、産後に夫婦関係が悪くなる夫婦も多いです。夫にしてみたら、いくら妻のお腹が大きくなるのを見ていたとしても、赤ちゃんがある日突然家にきたように感じるものです。だから、当たり前のように、

「いまの私の状態を見たらわかるでしょ！」

「私は、いまは全くその気になれないの」

という態度を妻がとっていると、夫はとっても傷ついてしまうのです。

スキンシップを拒絶されることは、男性にとっては立ち直れないほど深い傷になります。男性はずっと男でいたい生き物ですから、妻に冷たくされると、男でいられる場所を外で探してしまうことにつながります。

米国では小学校で、男女一緒にオープンな環境で性教育がしっかり行われています。

一方で日本では、まるで恥ずかしいことを学ぶかのような雰囲気のなかで教えられま

す。これでは、セックス＝タブーというイメージを持ってしまうのも当然のこと。

わが家では、「ママで答えられることは答えるから、なんでも聞いてね」と子どもたちに話しています。実際、子どもの前でハグやキスをすることもあるからか、気軽に性の疑問を投げかけてきます。夫婦でも、ざっくばらんに話す習慣を持てるのが理想です。

身体のことにかぎらずですが、夫が知らないことは意外とたくさんあるもの。知らないことは情報を共有する、というスタンスでいきましょう！

夫はいつまでも「妻の一番」でいたい

子どもができると、子どもが一番になってしまうという女性も多いですよね。気持ちはわかります。ただ、子どもを大切にすることはとってもいいことなのですが、夫婦関係としては危ない状態です。どんなに家族が増えたとしても、夫を一番に扱いましょう！

なぜならあなたの人生の最大のパートナーは、誰よりも夫だから。

子どもが生まれると、二人という単位ではなくなります。でも子どもと共に生活していくのって、長くて二十数年。子どもが巣立ったあとも一緒に生活をしていくのは、夫なんです。

ちょっと想像してみてください。

子どもが大学を卒業するまでの約22年間、子どもを一番にして過ごしてきたとします。そして、ある日子どもが家を出て行きます。その瞬間から夫を一番に扱うことはできるでしょうか？「ん〜、今さら何を話すの？」と困惑した態度でいると、相手も同じ。「いまさら」とすねて受け取ってしまうでしょう。

妻とは高級レストランに行きたくない夫たち

男性のなかには、「妻とは高級レストランに行きたくない」と言う人たちがいます。

どういうことか尋ねてみると、

「2時間も対面して、何を話したらいいのかわからない」

「雰囲気のよい場所に一緒に行っても困る」

「たくさんお金がかかるところに妻を連れて行くのをためらう」

妻は高級レストランに連れて行く価値がないということ？　悲しすぎる……！

もちろん妻側にも、あんな夫と行きたくないわっという意見もあるかと思います。でも、ここで考えてほしいのは、自分のプライドを満たしたいのか、本当に幸せになりたいのかということです。


そして夫はなぜこうした考えになってしまうのか。ひもといていくと理由がわかります。**彼らは日頃、妻に残念な扱いをされている**からなのです。たとえば、奥さんが夫を二番、三番と位置づけるような態度を取っていると、夫も奥さんを、無意識的にも一番にできなくなっていくのです。浮気心が芽生えるのも日常の空虚感、寂しさからだったりします。

基本のことですが、「大切な人を大切にする」ことを忘れないように。子どもが生まれても、このスタンスは崩さないようにしてください。

ただ、子どもにとっても、母親との信頼や絆は不可欠です。だからこそ、お子さんと一緒に過ごす時間は、子どもを一番にしてあげましょう。子どもとの愛情の土台はつくりながら、夫をナンバーワンに置くということです。

子どもと一緒にいる時間は「質」を重視する

私自身は、子どもができたとき、仕事がちょうど忙しくて頑張っているときだったので、「どんなふうに育てていったらいいんだろう」とずいぶん悩みました。

日本には「三つ子の魂百まで」という言葉もあるし、当時はいまよりもっと、子どもを人に預けて親があまり面倒を見ないのはよくないと言われていました。でも、そうするしかない現実。母親として失格ではないか、いまは仕事を頑張るタイミングではないのではないか。いろいろと悩んでしまっていたんです。

「抱きグセがつくから、あまり抱かないほうがいい」「子どものために母乳のほうがいい」なんて声もよく聞きました。でもそれを全部聞いていると、思うようにできない現実にぶつかり、自分がどんどん苦しくなっていってしまいます。

その頃ちょうど、クライアントさんだった産婦人科の先生に相談してみたら、ある助言をくれました。「愛着がとても重要だよ」

子どもが大体生後6ヵ月から2歳くらいの間に母親との関わりによって形成されるのが愛着だそうです。愛着が育まれると、子どもは母親に対して、安心して面倒をみてもらえ、あたたかい愛情と承認を受け取ることができ、「この人は絶対的に自分を守ってくれる人」という信頼と絆が生まれます。

愛着をつけるには母親との関わり方が大切なのですが、母親の子どもに対する関わり方にムラがあると、子どもは愛着障害を持ってしまい、様々な人間関係において影響が出るため生きにくくなる傾向があるとのこと。

それを聞いてから、私は愛着関係の本を読みあさり、セミナーなどにも参加して学び、こう決めました。

「一緒にいる時間の長さではなく、質を大事にしよう。心と心が触れ合えるように」

そうしたら、子どもたちはそれぞれ個性豊かに育ち、親子関係もとっても良好です。

いま娘は大学生で海外にいますが、いつもつながっている感覚があって、全然寂しくありません。彼女も一度もホームシックにならず、何かあればなんでも相談できるし、助けてくれると思って安心して過ごしているようです。

息子のほうは、大事な決断をするときには、私の見解を聞いてくるようになりました。以前はそんな関係ではなかったんです。私が「中学受験をしたほうがいい」「この学校に行けば幸せだろう」と息子に世間の常識を当てはめていて、いい関係を築けていませんでした。でもそれを全部手放して、

「あなたはどうしたい？　可能性は無限にあるから何にでもなれるんだよ！　自分で一番やりたいことを考えて、決めてみたら？」

と、本人に考えてもらい、それを尊重するようにしたところ、コミュニケーションが格段に変わってきたんです。

こんなふうに、子どもとの絆を築けていれば、「パパはママのパートナーだから、お互いが一番！」という態度を見せるのは、子どもにとっても嬉しいことで、心の安定を感じ、家庭はいつも安全な場所という感覚が生まれるのではないかと思います。

「マミーとパパは愛し合っていて、私たちの前でもキスする」というようなシーンも目にすることで、この二人は愛し合っているから自分が生まれてきた。だから自分は存在していていいんだ！　と心から思えるのではと思います。

夫を一番にする方法

少し話がそれましたが、夫を一番に扱うための方法に話題を戻しましょう。

まずは、「あなたが一番！」と言葉にして伝えてあげてください。

言葉だけでも嬉しいものですが、気持ちがこもっていないとやっぱり伝わらない。もし「夫が一番！」と思えないなら、その理由も掘り下げてみましょう。自分が一番にされていないことが引っかかっていたり、くすぶっている思いがあったりするかもしれません。

言葉にするのが照れくさいなら、どんな形でもいいので、

「あなたのことに関心を持っているよ」

「大切に思っているよ」

ということを伝えてみましょう。それが伝われば、人間は満足するものだと思います。相手の話を聞いたり、相手の趣味や仕事、ときには彼を取り巻く人間関係などにも興味を持ち、積極的に関わってみてほしいのです。

夫がただ視野に入っているだけで、まったく関わっていないという人が、意外と多いんです。言葉にもしないうえ、「あなたわかるでしょ。私は子どものことで忙しいんだから」という態度でいると、夫婦関係はうまくいかなくなってしまいます。

円満な関係を目指すには、相手に関心を持ったうえで、相手の思いを汲み取って、感謝の気持ちを伝えること。パートナーに「一番だよ」って言ってあげること。これを省略してはダメなんです。照れくさいかもしれないけど、嬉しい効果がいろいろと出てきます。ぜひ、少しずつでもチャレンジしてみてください。

夫は世話を焼かれるより、妻が好きなことをしてハッピーなほうが嬉しい

夫が妻に求めることは、じつはそんなに多くありません。STEP1で解説したように、妻がハッピーでいること。これに尽きます。

夫の要望を勝手に想像して、妻だからやるべきと先回りをする女性が多いのですが、「夫からお願いされたら協力的に快くやってあげる」くらいでいいと思います。それをやることが可能だったらするし、不可能であれば、ごめんねと伝え、できない旨を伝える。自分の意見を持ち、NOと言うことも大切です。

彼から何も言われていないのに、先回りして勝手にやることは、男性をうんざりさせることにつながります。

あなた自身がハッピーでいれば、彼は何も求めなくなります。

でもあなたがハッピーでいないと、

「もっとこうしたらいいのに」

「もっと手を抜いたらいいのに」

「やりたいことがあるんだったら、やったらいいのに」

と言ってくるはず。言ってこなくても、心のなかで思っているはず。

「やらねばならぬ」をゼロにしよう

夫は、自分のために何かしてほしいというよりも、「妻自身が幸せになるために何かやったらいいのにな」と感じています。

これは、誤解している女性が多いかもしれません。勝手に「いい妻・いい母像」を想像して、「やらねばならぬ」という感覚になって自分を追い込んでしまっていることが意外に多いのです。タスクは日々積み重なる一方で、こなしても、こなしても、減りません。

人は余裕がなくなると、本当に大切なものがわからなくなります。寝不足やストレスで押しつぶされそうになってしまっていませんか？　何が本当に大切にしたいものか。何がいまでなくてもいいのか。何が自分でなくてもいいのか。

大切なものを大切にするために、不要なものを削ぎ落とす。それがもっと自分らしくいられるコツであり、自分もまわりも幸せになる秘訣です。

実際、やらなくても何も問題はないのに、私たちは見えない何かに怯えて動いていることが多いんです。あれもこれもと、とらわれすぎてはいませんか？

ちなみに、私のなかには「やらねばならぬ」はありません。「これをやる」と決めていることもあまりないんです。スケジュール帳もつけません！　仕事の管理は別ですが、スケジュール帳に予定を書くと、スケジュール枠に囚われて自由な感覚がなくなってしまう感じがするからです。

だから、絶対に確保しなければいけない仕事の予定、夫や子どもたちの外せない予定以外はまっさらにしています。そうすると、いつも心に余裕が生まれ、「空いている時間は何をしようかな」とワクワクした状態になれて、心もハッピー。

夢や目標も、私は手帳に書いたりしません。本当にしたいことだったら、どうしたらそれが叶えられるのか、たくさんリサーチして、ありとあらゆる情報のなかから質の高いものを見極め選別して、自分に合った方法を見つける。そしてまず、自分の感覚を信じて動いてみることを基本にしています。

できるかぎり自由な時間をつくって、自分を満たすためにその時間を使う。

そうすることで、私はとっても幸せな時間を過ごせます。

だからこそ、夫にも明るく優しい気持ちで接していられるのだと思うのです。自分を犠牲にしていないから生まれる優しさと、感謝の気持ち。いい関係って、こんな気持ちの積み重ねで育まれていくと思います。

男性は「察する力」が弱い

断言します！　男性は察する力が弱い（笑）。本人に悪気があるわけではなく、そういう特性ということです。

一方、女性は察してほしい生き物。言葉にせず、つい「察してよ」という態度をとってしまいます。でも、残念ながら男性は察することが大の苦手。相手が怒っていても、それがどうしてなのか、全然わからないのです。

対処法は、ちゃんと言葉にして伝えることです。

ただ、「攻撃された」と思うと戦闘態勢になってしまうので、責めるような言い方は厳禁です。彼自身が素直になれなくなってしまうから。

たとえば、

「たった一つのことしか頼んでいないのに、なんで忘れちゃうの？」

「誕生日なのに、どうして特別なことをしてくれないの？」

というとき。

彼は、妻を愛していないから忘れているわけではありません。単純に、そのときに優先しなければならないことがあったということなんです。もちろん、妻に頼まれたことの優先順位が低いというのもおかしな話なのだけど、彼の頭のなかに「あれをしなければいけない、これもしなければならない」という仕事関係の優先事項があると、その後に入れた事項をうっかり忘れてしまうんですよね。

そんなときは、

「あ、優先順位が低かったんだ」

ということをまず知ることです。それを知って、**忘れたことにはいっさい触れずに、さも初めて言うかのように、改めて言ってみるんです。**

「これお願いしまする〜！」

「今日はな・ん・の・日？　どこか一緒に行ける？」

「○○を食べたいな〜。連れて行ってくれると嬉しいなぁ」
などなど。笑顔で、初めて言われている感じがすると、彼も責められているように は感じないもの。

もしかしたら、「あれ？　この間も言ってたような？」と思うかもしれませんが、女性側が初めて言うようにサラッと言うと、男性側もそれに乗ることができるというわけなんです。

「そうだったな。今日は誕生日だからどこかへ行こうか」と、直前や当日であったとしても反応してくれれば大成功！

「それでもはらわたが煮えくり返っているときには、どうしたらいいんですか?!」という声が聞こえてきそうですね。そうなってしまったときには、子どもが怒っているかのように、おおげさにプリプリ怒っちゃいましょう。

「ねえ、今日はさ、あなたにとって超重要人物の誕生した日だよ〜。その人物とは誰でしょ〜？」

「この日を忘れると、富士山が噴火するよりも怖いよ！」

こんなふうに、笑える感じにするのがポイントです。直接的ではなくても自分も言いたいことが言えるのでスッキリするし、険悪にもならないのでおすすめです。

イラッとしたら、「どうしたら目的地に行けるか」考えよう

イラッとしたときには、「自分が欲しい結果」に目を向けましょう。きっと「一緒にお祝いして、楽しい時間が過ごせたらいいな」「大切にされていることがわかると嬉しいな」というだけのはず。

でも途中でケンカしてしまったら、結局その楽しいところにはたどり着けない。だから、まず自分が何をしたいのか、そしてそこに行くにはどうするのが一番賢いのかを考えてみるようにすると、未来が変わります。

感情に流されてケンカになってしまったら、望む結果は得られません。それが続けば続くほど、どんどん不満もたまってしまいます。いつもたどり着きたいゴールへ、自分を行かせてあげるようにしましょう。

そして、それは彼の役割ではなく、自分の役割だということをお忘れなく。だって、あなた自身がやりたいことだから！

夫の思いは「言葉」より「態度」に表れている

男性は、自分の気持ちを表現するのがとっても苦手です。

仕事なら、その案件に対してどうしたらよいか、と論理的に考えられます。でも、感情的に「私のことを、いったいどう思っているの!?」と聞かれても、すぐに答えられないものなんです。

それはたぶん、気持ちを言葉にして伝える訓練をしてきていないから。だから、男性はいろいろ聞かれても尋問されているように感じ、頭が真っ白になってしまいます。

では、男性の気持ちを知りたいときはどうしたらいいと思いますか？

彼らは気持ちを言葉にはしませんが、態度には出しているものなので、そこを見るようにするのです。でも、前述したように、夫がしてくれていることをスルーしてしまう女性はけっこう多いです。きっと「それくらいのことをするのは当たり前でしょ」と思っていることがいっぱいあるから。

今日から彼をしっかり見て、「いま、どんな気持ちなのかな」と観察してみましょう。顔に必ず出ているものですよ。

「ちょっと考えごとをしているのかな」

「プレッシャーでいっぱいなのかな」

「これは私のためにやってくれているのかな」

「いろいろ考えているから、こういう行動になったのかな」

想像しながら観察してみてください。意外とわかりやすく態度に出しています。妻がほめたときなど、嬉しくて、ニヤッとしていたりするはず。そんな姿を私たちがキャッチしてあげるんです♪

妻の意味づけで夫の行動は変わる

ちょっとシミュレーションしてみましょう。たとえばあなたが「僕は結婚生活を大事に思っているよ」と言われたかったら、どうすればいいのか。

まずは、彼が結婚生活を大事に思っているような態度をとっているかどうかを見るんです。

このときの注意点は、**あなたの「こうしてほしい」というフィルターを通さずに見ること**。「彼の夫や父親としての立場で家庭を大事にすると考えたら、何をするかな？」という目で注目してみるんです。そうすると、意外にやってくれていることがあると気づきます。

たとえば、夜あなたが寝る準備をしているときに子どもと遊んでくれていたり、ゴミを出してくるよと声をかけてきたり、出かけるときにあなたを車で送ってくれたり……。そういう行動を見たときには、すかさず、

「これって、子どものためにやってくれてるんだよね」

「あなたってすごく家族思い」

「私のためにありがとう!」

という感じで声をかけましょう。会話のなかでも、
妻「これって家族のためにやってくれているんだよね。ありがとう」

夫「ああ、そうだよ」

妻「やっぱりそうなんだ。家族のためだよね」

と、こちらが意味づけもしていくんです。

そうすると、夫のほうも「俺は家族のために行動しているんだな」と自覚していくようになります。さらに、「こうやって家族のために動いてくれているんだね。嬉しい!」ということを言っているうちに、夫も「そう言えばいいんだな」と自分の口で「家族のために行動している」と言えるようになるはずです。


こうして夫婦でコミュニケーションが取れるようになれば、お互いに嫌な気持ちになりません。ぜひ夫の気持ちが表れている態度を見つけて、すかさず「私たちのためにありがとう!」と連発しちゃいましょう。夫がどんどん変わっていきますよ。

男性はあまのじゃく率が高い

私が見ているかぎりで言うと、男性は好きな人を目の前にしたときにあまのじゃくになりがちで、素直に表現できない人が多い。思っているのに思っていないようなフリをしたり。だから、男の人の言動をそのままを受け取らないほうがいいかなと思います。

とくに言葉にするときに、その傾向が出ます。本当は心配しているのに、心配していないようなことを言ってみたり、本当は優しい言葉をかけてあげたいのに、きつい言葉を発してしまったり……。

「男だから、優しいくらいはいいけれど、優しすぎる男なんて男らしくない」と思い込んでいる人もいます。あなたに何か困ったことがあったとき、「大丈夫？」と言わず、逆に怒ってきたりすることはありませんか？

「こう言われると嬉しい」と何度も教えよう

私の夫の場合は、私が風邪をひいたり病気になったりすると、なぜかとても怒るときがありました。

「風邪をひきそうだなと思ったときに、すぐに薬を飲まないからだ」

「あんなに薄着で出かけたからだ」

最初の頃は、「私、この人と生活していたら病気になれないかも」「年をとったときにどうなっちゃうの?!」と思ったりしたものです。

でも、それは本当は心配していて、「大丈夫? ゆっくりしていたら?」という言葉をかけるよりも問題行動となったことは何で、何をどうすればいいのか解決方法を見つけて伝えたかったのです。

男性にとっての本当の優しさとは、寄りそうだけでなくそれが二度と起こらないように問題を解決することだと、あとでわかりました。

本心を知らずに言葉のままに受け取ってしまうと、

「この人、私に全然優しくない」

と思ってしまいますが、本当は心配しているんですよね。よくよく彼を観察してみると、薬を買ってきてくれたり、意味もなくウロウロしていたり。「寝なさいって言うけど、あなたがウロウロしているから眠れないのよ」という感じです（笑）。

それに気づいて以来、怒った態度をとられるたびに、

「あまのじゃく大魔王登場だね！　ほんとは心配しているのに怒ってる。怒られると悲しいな」

「こういうときは、優しい言葉をかけてくれると嬉しいんだよ」

と何回も何回も言っていたら、だんだん怒らなくなってきました。

自分はどうされると嬉しいのか、どんなふうにアプローチされると素直になれるのかを具体的に知ってもらうイメージです。

私たち女性には、男性の問題解決型思考が、あまのじゃくに見えてしまうんだと思います。もしあなたの旦那さんがおかしな態度をとっていたら、「心のなかでは何を考えているのかな」と考えてあげるといいですよ。

夫のプライドは妻が思うよりはるかに高い

男性は女性以上に、プライドが高いもの。そして、ガラスのハートの持ち主です。女性は弁が立つので、怒りに任せて、相手を打ち負かすように言ってしまいがち。言ったほうはケロッと忘れてしまったりしますが、じつは男性はものすごく傷ついているものなんです。ただ、女性よりも我慢強い部分を持ち合わせているので、我慢、我慢を重ねていく……。そしてある日、その我慢も限界を超えてプッツンと切れてしまうこともあります。

いつか突然そうなってしまわないように、言っていいことといけないことを区別し意識しておきましょう。

男性に絶対言ってはいけないこと

とくに、男として傷つくようなことは言うのは厳禁！　たとえば、こんなこと。

【×仕事を否定】


「夜遅くまで働いていても、少しも給料が変わらないじゃない」

「だから出世しないんじゃない？」

「だからあなたはダメなのよ」


こんなこと、怒りに任せて言ってしまっていませんか？

彼の仕事を否定するようなことを言うのは絶対に、絶対にタブーです。人格否定につながってしまう可能性を秘めているから。


「私だって頑張ったから稼げているのよ」

「私みたいに転職したらいいのに」

なんてことを言うのも、完全にアウト！

【× 稼ぎが悪い】

また、子どもの前で

「うちはお金がないから」

と言ったりすることもNGです！　子どもはその発言を、しっかり聞いています。

知人の男性にこんな話を聞きました。彼が小学生の頃、お母さんがお父さんの給料袋を見せながら、「あなたのパパはこれだけしか稼いでいないのよ」と言ったそうです。彼は、母親のことはいまでも許せないと言っていました。

妻が夫を尊敬していなければ、子どもたちも父親を尊敬できなくなります。子どもがやがて大人になり、結婚したら、同じようにパートナーを尊敬できなくなってしまう。こんな悪循環を代々続けてしまっていいのか、自分以外のまわりへの大きな影響も考えていく必要があるかなと思います。

【× 身体のこと】

「もう、あなたは淡白だから」

「あなたの汗臭いところが嫌い」
なんて言われてしまったら、男性は傷ついて地の底まで落ちてしまいます。

【× 他の夫をほめる】

他の夫をほめることもタブーです。彼に伸びてほしいがために「○○さんの旦那さんはこんなことしてくれるんだって」なんて言ってしまいがちですが、他人と比べられるとバカにされたようで傷つきます。

【× 夫の友人や趣味の悪口】

「そういう人とばかり付き合っているからダメなのよ」
「飲んでばっかりいないで、もっと意味のあることをしたら？」
と夫の友人の悪口を言ったり、息抜きのことに口を出されたりするのも、男性側としてはしんどいですね。我慢して聞いていても、確実に不満はたまっていきますし、居心地もどんどん悪くなっていきます。

また、「かわいい」「大丈夫？」という言葉より、「かっこいい！」「すごいね！」という言葉を好みます。よかれと思ってかける言葉が〝女性が喜ぶ言葉〟になっていないか、要確認です。

夫に怒りが湧いたら、「自分の気持ち」に目を向ける

一緒に暮らしていると、どうしても相手の嫌なところが目に入ってしまいますよね。

そんなとき、あなたはどうしていますか？

たとえば、休みの日にゴロゴロされているのが嫌な場合。彼と一緒に行動できないから寂しいという気持ちもたしかにあると思うんですが、それ以上に「仲のいい夫婦は、週末は一緒に出かけるもの」という考えにとらわれていませんか？

この固定観念は、ちょっと厄介です。

「夫婦は週末は一緒に出かけるものだよね」と思っているから、ゴロゴロしている夫

を見て「出かけるつもりもなくて、私を喜ばせようともしないなんて、どういうこと?」と腹を立てることになるんです。

あなたもそうだとしたら、「出かけなければ幸せではないのか」「出かけるとき、彼が一緒でなくてはいけないのか」を、立ち止まって振り返ってみてください。

毎回彼と一緒でなくても、自分一人で出かけてもハッピーになれるはず。彼が出かけないからといって遠慮して家にいるのではなく、「わかった! 出かけてくるね」と言って、出かけてしまいましょう。そのほうが、彼も気兼ねなく家で一人の時間を楽しめるかもしれません。

もし彼がトドのように転がっていてイラッとしてしまったら、どうして彼がゴロゴロしているのかについても、考えてみましょう。

仕事で本当に疲れているのかもしれない。

今日ぐらいゆっくりしたいのかもしれない。

それなのに、無理に連れ出して彼の機嫌が悪くなってもいいのかな。

夫の状況に目を向けずに、「夫婦はこうするべき」という思い込みにとらわれて逆に関係が悪化してしまったら、本末転倒ですよね。

まず、自分自身の感情の動きに目を向けましょう。自分自身が何を満たしたくて、何が満たされないから腹が立っているのか。もっと本質的な部分に目を向けてみましょう。

本当の気持ちを探っていけば、きっと週末に一緒に出かけられないことが怒りの原因ではないはずです。本当の気持ちが満たされないから、彼の行動の足りないところを見て怒ってしまうことが多いのではないでしょうか。

たとえば、本当は、

「もっと私を見てほしい」

「私のことを気にかけてほしい」

「もっと私を愛してほしい」

という思いがあるのかもしれません。

「夫は自分とは違う人間だ」と肝に銘じる

他にパートナーへの不満の原因でよくあるのは、生活習慣や価値観の違いです。

とくに国際結婚でよく聞くのですが、外で履く靴を、ごはんを食べるテーブルの上やキッチンに置いたり、キャスター付きのスーツケースを外からそのままゴロゴロさせて家のなかに入れたりなど、価値観の違いが、それこそいっぱいあります。

おヘソが汚い夫が嫌だという相談を受けたこともあります。妻はいつもきれいにしているけれど、夫は掃除しないでそのままだということですよね。生活を共にしているなかで、そういった違いって同じ日本人同士でもたくさんあると思います。

ですから、「そもそも自分と相手は違う」という前提でいるのがおすすめ。**「違うのが当たり前！　ちょっと似ているところがあったらすごい！」くらいの気持ちでいたほうが幸せです。**

「一緒であるべき」と思っているから、違うと腹が立ってしまう。

たとえば、相手が宇宙人だとしたらどうですか？　住んでいる惑星も生活習慣も違って当たり前だから、腹も立たないはず。「だって宇宙人だもん、それが普通よね」と当たり前のように思いますよね。夫婦であってもそれぐらい違うもの。

ですから、おヘソが不潔な夫には、「あれっ、一大事！　おヘソが完全封鎖されている！　くるくるポンと封鎖部隊を退治してあげる！」とか「これからおヘソの気持ちい〜い手術をします！」と言って、お医者さんになりましょう（笑）。おもしろおかしくユーモアを交えることが、うまくいかせるコツです。

人間って「○○しなさい」と言われるとやりたくなくなっちゃいますよね。だから、「じゃあ、お願いします」と明るく返してもらえるように、ちょっとアプローチを工夫するといいですよ。

夫を傷つけ、やる気を下げる妻の言動

ここまで男性の特性を見てきました。いかがでしたでしょうか。あれは夫の愛ゆえ

だったのかと気づいていただけたことがあったら嬉しいです。

それでもまだ、

「愛されていないかも」

「大切にされていないかも」

「このままこの人と一緒にいて、本当に幸せなのかな」

「もっと私を幸せにしてくれる人と出会い直したほうがいいんじゃないかな」

と、夫との関係にモヤモヤしている状態だとしたら……。

それは、「自分が欲しい形の愛」ばかりを探しているからかもしれないと、改めてとらえ直してみてください。あなたが本当の意味で夫を見ていないので、彼がくれている愛に気づかないだけかもしれません。

結果ではなく「気持ち」を見る

具体例をあげます。誕生日プレゼントに、あなたはアクセサリーが欲しいと思っているのに、夫は「プレゼントだよ」と最新の電化製品を買ってきたとします。あなたは全然嬉しくなくて、「こんな的外れなプレゼントはいらない！」と言ってテーブルに置いたままにする。

これでは、彼がどんな思いで、時間をかけてそれを買ってきたかという気持ちを、全然受け取っていません。

残念なことに、このように「私が欲しいのはアクセサリーだから、アクセサリーを受け取って初めてあなたの愛を感じる。この無意味なプレゼントでは論外よ」という発想をする人が、とても多いのです。プレゼントにかぎらず、やってくれた家事や予約してくれたレストラン、なぐさめや励ましの言葉についても同様です。

せっかく妻に愛を渡せたと思っている夫にそんな対応をしてしまうと、夫は傷つきやる気をなくして、「妻のために何かしても無駄だ、何もしたくない」と思ってしまいます。すると妻は「夫は私のために何もしてくれない」と感じ、悪循環に陥ってしまうのです。

繰り返しますが、**大切なのは、まず妻から「受け取り上手」になること。**夫が自分のためにしてくれている心を受け取り、喜び、次回は「私も一緒にプレゼントを選びたい」とか「欲しいものがあるの」とさりげなくお願いしておくと、夫は次はもっと喜ばせよう、ますますあなたを幸せにしようとしてくれます。

ここでは、夫にモヤモヤしているときでも、受け取り上手になることで1週間で変化が訪れるワークを紹介します。

夫へのモヤモヤに1週間で変化が起こるワーク

【手順1】まずは、不満に思っていることを書き出す

たとえば、本当は誕生日プレゼントにアクセサリーが欲しかったのに、まったく違うものを夫が買ってきたとき――。

「全然、私のことをわかってくれていない！」

「私のこと、大事じゃないのね！」

「私にお金をかけたくないんだわ！」

こんな思いを書き出したら、次へ。

【手順2】それが思い込みなのか、事実なのかを確かめる

女性は妄想が得意なので、どんどん妄想を膨らまして、そのなかで生きてしまっているかもしれません。本当に彼は、あなたに対して、あなたが思っているようなことを思っているのか、しているのか、確認しましょう。

たとえば、「私のこと、大事じゃないのね！」という不満について。あなたはアクセサリーが欲しいことを、夫に言葉にして伝えていたでしょうか？　夫はエスパーではないので、アクセサリーが欲しいというあなたの心のなかを知るのは難しいのです。さらに、もしあなたが「アクセサリーが欲しい」と言っていたとしても、それを夫が〝理解〟していなければ、伝えたことにはなりません。

あなたのために何かを買っている瞬間は、あなたのことを思い浮かべているはずです。金額や物などで愛情を測るのではなく、「相手は自分に対してどんな気持ちがあったのか」を考えてみましょう。何が思い込みで、何が事実なのかが自然と見えてきます。

【手順3】いつも彼がしてくれていることを書き出す

愛の言葉や行動は、人によって様々。こうされたら愛されているとあなたが思う愛され方と、彼なりの愛し方は意外に大きく違うもの。

愛し方には違いがあるという前提で、彼の性格や仕事の状況などを考えたうえで、「彼が妻や家族に向けてしていることは何か」を書き出してみましょう。

・家じゅうのゴミをまとめて捨てる
・仕事帰りに日用品を買ってくる
・平日は帰りが遅いけれど、週末は一緒に出かける

など。そうすると、彼が彼なりにやってくれていることが、いくつか見つかるはずです。見えてくればくるほど、「彼は、彼なりのやり方で愛してくれていた」と気づけるようになってくるでしょう。

【手順4】彼がしてくれていることに対して「ありがとう」と伝える

彼流の愛し方や、彼がしてくれていることに気づけたら、「ありがとう」を言いま

しょう。いままで言ってこなかった夫婦の場合、夫は怪訝な顔をするかも知れませんが、気にしないで続けましょう。内心は嬉しいはずです。

「ありがとう」を言っていると、次第に彼も優しくなってきます。すると、「今度は何をしてあげられるかな」と思考が変わってきます。そのときに、叶えられていないことを一つ、二つとピックアップして、

「いつもゴミを捨ててくれてありがとう！　今度はゴミ袋もかけてくれると嬉しいな」

「週末一緒に出かけてくれてありがとう！　たまには平日の夜も早く帰ってきてほしいな」

と、こうしてくれたら嬉しいと思っていること（次なる案）を伝えましょう。このときのポイントは、期待しないこと。希望だけを伝えて、してくれるかどうかは相手にお任せするというスタンスでいるようにしましょう。

こうして、「夫にやってもらえる」という経験を積んでいくことが、妻にとって、ひいては夫婦にとってとても大事です。一つ、二つ、三つ……と、やってほしいこと

をしてもらえるようになってくると、妻のなかで彼に対する感情が変わってきます。

「なんだ。彼は優しいじゃない」

「ちゃんと私のことを愛してくれてたんだ。もっと受け取るようにしよう」

そう素直に感じられてきます。

こうしてどんどん自分が満たされてくると、今度は「私が彼に何をしてあげられるかな」と考えるようになってきます。そこで初めて、彼がやってくれる↓自分もやってあげられる、という循環が生まれてくるんです。

くれぐれも、先回りして何かをしたうえ「私はこんなにやってあげてるのに、あなたは何もしてくれない！」などとキレたりしませんように。

STEP 2

まとめ

- □ 「自分とは違う人間」として夫と接する
- □ 夫の行動はすべて「私のため♡」と受け取る
- □ 当たり前は存在しない。夫がしてくれたことには「ありがとう」を
- □ 「尊敬できる妻」を目指す
- □ もっと夫を頼り、甘える
- □ 自分を開示し多面性を出す
- □ 子どもの前でもスキンシップをとる
- □ 夫の世話を焼きすぎない
- □ 察してもらおうとせず、言葉にして伝える

STEP 3

夫を やる気にさせる 「現代アゲ妻」に なる

「いい妻」より「媚びない妻」が夫をやる気にさせる

STEP3では、いよいよ二人で望む未来を実現していくために、妻ができる夫へのアプローチなどについてお話しいたします。夫が持ち合わせている能力を、夫婦愛という強力な力を借りて発揮しきってもらうステージです。

もし、夫への接し方を変えていくだけで、夫が自然にやる気になり、運を味方につけられるようになったら嬉しくありませんか？

妻だって、夫にはいつまでもいい男でいてほしいもの。内面も男として磨かれ成長し、どんどん頼りがいがあって優しく余裕のある人になっていく。その内面の成長が外面に表れる。夫にトキメキを感じられるようになったら、毎日ワクワクする幸せな未来が待っていると思いませんか？

STEP3では、彼があなたの言葉や行動によってメキメキやる気になり、力を発揮する方法を、あますところなくお伝えします。

その方法を使うためには、**まず、彼への要求、コントロール、否定を捨てなければなりません。**この負の感情が夫に伝わり影響するからです。STEP1の「自分を満たすこと」が土台になります。

もし、**あなたが彼に愛されるために、彼の愛を失わないように、〝いい妻〟を演じてきているのなら、いまが手放すときです。**

人は、どんな人の言葉に影響されるか？

いい妻＝相手にとって都合のいい人。自分の生き方よりも他人の生き方を優先させ、つねに誰かの後ろを歩く人です。

この生き方がいいとか悪いとかではなく、夫にとって都合のいい人になることは、彼の都合で生きることです。不確定要素が多い人生を歩むことになります。これでは、あなたの個性、発言力、影響力が最小化してしまいます。

人は、どんな人の言葉に心が動かされ、素直に聞き入れて行動を起こすでしょうか。

自分にとって価値があると思っている人の言葉です。

しかし、自分自身を最小化して本当の自分を見せていない場合、彼はあなたの本当の価値を知る余地もなく、理解しきれてもいないのです。


愛されようとするのではなく、愛す。

選ばれようとするのではなく、選ぶ。

影響されるのではなく、影響する。


そんな核となる「自分」がある女性になる。

自分自身の幸せの基盤が整っていればこそ、相手を心から応援できるものです。つまり、結婚していても主体性を持つことです。本気で、本音で話ができたとき、人の心を揺さぶる価値が出るのです。

もっと自分らしくあるために、あなたは今日から媚びない**「現代アゲ妻」**へと変貌していくのです。

媚びない「現代アゲ妻」は、

- 裏表がない
- 自分の軸があり、凛としている
- 他人に影響されない
- 自分の意見・見解を表現でき、NOと言える
- 自信があり、自分を信頼している
- セルフケアが十分できている
- 素直、正直
- 柔軟性が高い

もし自分が男性だったらと想像してみてください。こんな女性が自分の妻だったら、いつもいい意味で緊張感が持てて、自分自身を高め続けようと思いませんか。そして、こんな素敵な女性が自分のそばにいてくれることに感謝しませんか。きっとその女性をずっと大切にし続けようと努力すると思います。

男性にそんな気持ちやマインド、姿勢を自分に対して持ってもらえると、女性の心は満たされていきます。

そうした関係の基盤を整えるのは女性の役割なのです。すぐに取り入れることが難しいこともあるかもしれません。それでも、できるところから少しずつでも変化させていくことで、夫婦のパワーバランスが整い、変革へと導くことができるのです。

お互いの本質を伝え合う、深いコミュニケーションをとる

幸せについて、理想的な状況について、夫婦でどんな人生のシナリオをつくっていきたいのか。お互いの考え方や価値観をすり合わせ、大切なものは何かをお互いに理解し合うことで、どんなときも軌道修正が可能になります。

次のことを、まずは自分で考えてみてください。そのあとで、夫にシェアして話し合ってみることをおすすめします。

1. あなにとって、幸せとはどういう意味があるのか
2. 夫が望む成功とは何か
3. あなたにとって成功とは何か
4. それが人生において、どのような意味を持つのか
5. すべてが望んだ通りに行けばどうなるのか
6. どこに住んでいるのか
7. 日常はどうなっているのか
8. それは、パートナー（夫・妻）にどんな影響があるのか

現在の二人の立ち位置や、未来へ向かっていくにあたって抱えている障害、恐怖、そして直面する問題などについても話し合えると、パートナーとして、二人で幸せな未来に向かって進んでいけます。

会話がバウムクーヘンになっていないか？

アメリカの元副大統領アル・ゴア氏がノーベル平和賞授賞式の演説で使っていたアフリカの格言があります。

——早く行きたいなら、一人で行きなさい。遠くへ行きたいなら、一緒に行きなさい。

"If you want to go quickly, go alone. If you want to go far, go together."

夫婦とは、一人では成し得ないことを、チームで成し遂げることができる最強のパートナーシップですね。

さて、ここで大事なのが、ただ話せばいいというわけではなく、**会話の「質」を重視すること。**

あなたは、夫が話しているときに、「興味ないんだけど。早く終わらないかな」と適当に聞き流していることはありませんか？

自分が本当に思っていることを言わずに会話を終わらせること、ありませんか？

夫婦二人が向き合って会話をしているように見えても、これでは表面ばかり固めて、本質が詰まっているはずの真ん中はスカスカの、まるでバウムクーヘンのようです。

「触れる」と「感じる」の違い。

「聞こえる」と「聞く」の違い。

「見る」と「理解する」の違い。

この三つを意識しましょう。これは子育てでも仕事でも大切なスキルですね。

会話の理想はアーモンドチョコ

コミュニケーションの理想の形は、アーモンドチョコのように核がしっかりしていて、何層にも塗っていける状態。そのためには、相手と自分の「本質」の部分を確認するような、深い話が不可欠です。夫と会話をするときは、ぜひ「バウムクーヘンじゃなくて、アーモンドチョコ」と心のなかで唱えてみてください。

コミュニケーションがうまくいっていない妻のパターン

たくさんの夫婦の話を聞いていると、コミュニケーションがうまくいっていない夫婦にはパターンがあることが見えてきました。

【パターン1】「こんなことを聞いてはいけないかな」と遠慮して飲み込んでしまう

自分の感情や疑問を言わずに取り繕っている人がとっても多いんです。たとえば、「昇格のための試験を受けようかどうか、迷っているんだ」と夫が言ったときに、「ふう〜ん」とか、「そうなんだ」とか、「いいんじゃない」で終わらせてしまう。

なぜ昇格したいと思ったのか、なぜ迷っているのかを、質問しない妻が多いのです。もしかしたら、「あなたのことだから、私にはわからない。私は責任を持てないから、あなたが決めてよ!」と思ってしまうのかもしれません。

でも、せっかく夫が自分の考えを話してくれているのに、それではもったいない！ ここは理解と絆を深めるチャンスです。彼はどちらにしてもうまくいくという前提で、もう少し詳しく聞かせて、と言って質問します。

「迷っているポイントは、ずばり何？」

など、相手の本質を引き出すような質問をしていきましょう。

【パターン2】「どうせ私の意見は聞いてもらえない。だったら言わないほうがいい」とあきらめている

「どうせ私の意見は聞いてもらえない」という考え方を繰り返していると、物事に疑問を持たなくなり、考えることすらしなくなっていきます。

じつは、このパターンは親子関係が原因になっているケースが多いのです。親に話を聞いてもらえなかったり、やりたいことを反対されたりすることが多かった方は、深いコミュニケーションをとらなくなってしまう傾向があるんです。

たとえば、相手に関心・感情を持たない。深く考えない。ある一定の距離を保つことでやり過ごす。こんなふうに、深く関わり合うコミュニケーションをなんとなく恐

れて逃げてしまうのです。

ただ、もしあなたに思い当たる節があっても、大丈夫です。コミュニケーションのとり方は、いつからでも変えられます。ぜひ相手に関心を持つことから始めてみてください。

相手に関心を持つということは、「どんなことも一旦聞く耳を持つ」と覚悟を決めることなんです。恐れは、覚悟を決めれば消えます。そして、恐れを越えたところに、お互いの信頼関係が生まれるのです。

目の前にいる夫を信頼して、自分の気持ちを伝えてみる。その繰り返しが、夫の心に届き、しっかりと向き合って聞いてくれるようになるかもしれません。

【パターン3】 なんでも言いすぎてしまう

このタイプは、自分に自信がないため、少しでも相手より優位に立つために教育する側にいたいと無意識に思っていることが多いです。自分のほうが「正しい」と相手に押しつけてしまいがちで、ときには相手を批判し、攻撃的になる場合もあります。

心の声は「私を見て！」という叫びではないでしょうか。本当は、自分を認めてほしい、自分がやっていることを賞賛してほしい。でも、それに気がついてくれない……それに耐えられず、心と真逆の行動を取ってしまうのです。

そこでたとえ、相手を負かしても、余計な一言を言って打撃を与えられたとしても、あなたの心に残るものは、もやもやとした気持ちだけです。満たされることも、二人の関係が良好になることもなく、何も得られないことを心に留めておくことが大事です。

この状態が続くと、夫のなかに〝うんざり〟がたまっていきます。あきらかに距離を置こうとしている彼を見て、彼の気持ちや以前のような関係を取り戻そうとしてしまう妻もいます。

このとき大切なことは、うまくいかない自分のパターンに気がつき、軌道修正することです。いまさら恥ずかしい、プライドが崩れると思ってしまうかもしれませんが、ここで考えてほしいのは、**自分にとって何が大切なのか、人生において、いま、何が最優先なのか**です。いまのままの状態が続けば、どんな結果がついてくるのか、冷静に考えれば自ずとわかるはずです。

相手との良好な関係が大切であるとするならば、不必要なものは、変わることへの恥じらい、プライド、恐れです。それらを削ぎ落とす一番の解決方法は、まずは自分に自信をつけること。そして、その過程で少しずつコミュニケーションスタイルを変えていくことです。

夫の気持ちを勝手に決めつけない

たとえば、もっと自分を認めてほしいという気持ちが心のうちにあるとします。その場合、「認められていない」というのが事実なのか、一人よがりな思い込みではないか、夫の立場になって考えながら、必要に応じて彼に確認していくことも大事です。

ユミさん（仮名）は、夫に毎日お弁当をつくっていました。しかし、時折、夫が手をつけずにそのまま持って帰ってくることがありました。それが許せなかったのです。「いらないなら言ってよ！　私の大切な朝の時間を返して！」と強い口調で言ってしまいました。イライラが募った彼女は、罰として彼の毎月のこづかいを減らしました。

そのことは、なんの解決にもなっておらず、逆に夫婦関係が悪くなっていることにうすうす気がついていました。でも、正直なところ、具体的に何をどうしたらいいのか解決策がまったくわからなかったのです。

ある日、私の講座にきてくださったユミさんは、男性の特性や愛し方について学び、立場を替えて考えるワークをして、はっとしました。夫がお弁当を食べないのは、おいしくないとか、食べたくないとか、妻を悲しませるためにしている行為ではない。ただただ忙しく、お昼を食べる時間もなかっただけ。

そこで私が「旦那さんはなんのためにそこまで頑張っているの？」と聞くと、彼女の目から涙があふれ出し、「私と家族のため」と言いました。彼が数年前、「自分の家を建てたいね」と言っていたのを思い出したのです。

その数日後、またお弁当が残されていました。そのとき、ユミさんはお弁当を見て、笑顔で「お弁当残ってるじゃん！　お昼ごはんを食べる時間も取れなかったの？　お腹ぺこぺこでしょ！　大好物のハンバーグ、特大でつくるね！」と言ったのです。

その言葉を聞いた彼は、とても嬉しそうに「ありがとう！」と言ったそうです。

妻から攻撃されていないと思えた彼は、心を閉じることなく、妻の行為を素直に受

け取ります。このタイミングで、「仕事はどんな状況なの？」と興味を持って聞くと、話してくれる確率が高まります。そして、

「そうだったんだー。一生懸命作ったお弁当が残されていてショックだったの。気持ちを踏みにじられたーって気分になってた。でもいま、ちゃんと状況を聞けたら、納得。状況を把握できるってこんなにも安心できるんだね！」

と伝えます。

そんなふうに話している妻を見て、彼はどう思うでしょうか。これからは自分の状況を少しでも話すことで、妻はイライラせずに優しくいてくれるかもと学ぶと思いませんか？　直接的にああして、こうしてと伝えなくても、彼が気づいて自主的にやってくれるようになります。

愛を育む会話とはこういうことかと、その感覚をつかめた彼女は、信頼と絆を深めるためのコミュニケーションを心がけるようになりました。

相手をコントロールすることはできないけれど、自分のことはコントロールできる。

自分からコミュニケーションのスタイルを変えていくことで、いくらでも望む関係は

再構築できるものです。なぜなら、夫は意外に妻の気分や態度の変化に敏感に反応するものだから。さあ、手遅れになる前に！

質の高い会話にするポイント

では、どんなコミュニケーションをとればいいのか。ポイントは二つあります。

一つめは、彼の話に、わかっているふりをしないこと。わからないことが出てきたら、

「それってどういうことなの？」

「○○という解釈で合ってる？」

「とっても興味がある！　知らないから教えて」

と、面倒くさがらずに聞いてほしいのです。

聞くことは、思い込みを捨てて相手を理解するために有効です。同じ言葉でも、人それぞれまったく違う現実、違う記憶、違う経験にもとづいて使っています。とくに

いろいろな意味合いを含む言葉は、聞かないと理解できないくらいのものなのです。

二つめは、疑問に感じたことを何でも言葉にしてみること。先ほども書きましたが、多くの女性が、疑問があっても聞かず、そのままにしてしまっています。

疑問を持たれた人は、自分の言葉で答える必要があるため、その解答を探すたびに頭の中が整理されていくんです。そうすると、

「彼女と話していると、なぜか答えが出てくるな」

「俺、こういうことを考えていたんだ」

と自然と自分の気持ちや考えに気づけたりします。

夫婦に限らず、会話ではこの二つがとても大切です。家庭では、妻が夫にできる一番の役割でもあります。

しかし、自分のなかにある恐れが邪魔をして、一歩突っ込んだ会話をすることを避けてしまう人が多くいます。

「わからないことを質問するのが恥ずかしい」

「いまさら聞けない」

「自分には関係のないことだから、面倒くさい」

「夫の仕事に関わりたくない」

「意見を求められても何も言えないし」

そんな思いがあったりするかもしれません。でも、何か感じることがあれば、それを押しつけたり、アドバイスしたりするのではなく、「私はこう感じるよ」と、単純に自分の見解も伝えてみましょう。

夫は問題の渦中にいる人ですが、妻は外から見られる人。もしかしたら、夫にとっては客観的な視点がとてもありがたいかもしれない。だから「私の意見なんて……」と思わずに、「私だったらこう考えるかなぁ」と言ってあげましょう。役に立たなくってもいいんです。何より彼に関わる気持ちと、発言することが大事なんだと思います。

夫に意見を求められて発言しても、もしかしたら「そういうことを聞いているんじゃないんだよ」などと反論されることがあるかもしれません。

そんなときには、もう一度、突っ込んで彼に聞いてみてください。

「ずれちゃった？　なんだっけ、どういうことを知りたいの？」

「何についての意見を言ったらより役に立てる？」

「迷ってるポイントはどこ？」

「あなたはどうしたいの？」


他に、ぜひしてほしいのは、**彼の話のなかで、いいと思った点に賛同してあげること。**それだけでも、ずいぶん勇気づけられます。

また、もし彼の話のなかに「私だったら、こう思うかな」という点があったなら、言い方に気をつけながら伝えてみてほしいんです。

「こうするからダメなんだよ」「こうしたほうがいいよ！」など、アドバイスするような言い方は、絶対にやめましょう。そうではなく、相手の置かれている状況に共感しつつ、

「もしも私があなたの立場だったら、こうするかな」

と、寄り添った言い方を心がけてみてください。そのほうが、相手も受け入れやす

くなります。

あなたが彼の一番の応援者であり、味方であり、理解者。そしてさらに、モチベーションを上げるコーチの役割をしてあげられるのです。彼がイライラしているときに一緒にいることで落ち着きを取り戻させ、うまくいかないときに気持ちの方向性を変えられる。そんな役割を担えると最強です。

あなたが夫の話をきちんと聞くようになると、その姿勢は必ず夫に伝わり、夫もあなたの話をしっかり聞こうとしてくれるはずです。「私ばっかり」などと思わず、まずは妻から、試してみましょう。

「ごめんね」と「ほめ言葉」で、まずは夫の心をオープンにする

最近とても気になっているのが、「ごめんね」を言えない人が多いこと。

「私は間違っていない」と自分の正しさを押しつけてしまうケースと、「私は悪くな

い」と自分から謝りたくないと勝ち負けを争ってしまうケースです。

謝るのは当然悪いほうだ、と思っている人ばかりです。でも、「私は間違ってないし」と思っているとき、彼も「俺は悪くないし」と思っているものです。そうなんです。人は誰もが「自分が悪い」とは認めたがらないものなんです。

相手が謝ってきたら許してあげる、と謝罪を待ちたくなることもあるでしょう。でも、負けるが勝ちのときもあるし、白黒つけずにグレーにしておくことがいいときだってたくさんあるはず。

それに、夫婦ゲンカにおいて、片方が100パーセント悪いなんてことは、ほぼありません。もし相手が90パーセント悪いとしても、自分にも10パーセントは悪い部分がある。その10パーセントの分を、プライドを捨て、上から目線で意地を張るのもやめて、「ごめんね」と言えるようになると、関係がよくなります。なぜなら、妻が「ごめんね」と言えるようになると、夫も素直に謝れるようになるから。

お互いに気持ちよく謝れる関係のほうが、いいと思いませんか？

ほめ言葉が夫のセルフイメージとやる気を高める

セルフイメージの高い人は、自分から行動します。自分はできる、という自信があるからです。夫のセルフイメージをぐっと上げるために妻ができることは、夫の存在に一目置くこと。尊敬・敬意を払うことです。

何か心配なときでも、「本当に大丈夫なの？」と聞く代わりに、「あなたならなんとかできると思っている」と伝える。

「絶対忘れないでね」と言う代わりに、「あなたは有限実行の人だから」と伝える。

「そんなことやめておいたほうがいいんじゃない」と言う代わりに、「あなたがそう言うならいいと思うよ」と伝える。

男性って、信頼されていると思うと、その信頼に何がなんでも応えようとする生き物のようです。

敬意には敬意で応え、否定には否定で応える。夫婦は鏡です。私たちはつい、相手の成長を手助けしようと、アドバイスしたり、否定したりしてしまいがちです。

でも、残念ながらこれは逆効果。すでにできている「いいところ」をほめることで、彼のダメなところが底上げされていくようなイメージを持ってほしいんです。

ダメな部分をダメだと言うと、「彼女は俺のことを何もわかっていない」と心を閉ざしてしまいます。でも、ほめられると「彼女は俺のことをわかってくれている」と感じ、ぐんぐん伸びるきっかけになっていく。

夫に飛躍してもらうためには、心をオープンにしてもらうことが大前提なんです。

そもそも男性は、「俺が頑張ることは、妻や家族のためになる」という実感がないと、もうひと踏ん張り頑張ることはできないもの。

だから、「他の誰もあなたのよさをわかっていないかもしれないけど、私はわかっているよ！」ということを言葉で伝えてあげましょう。

たとえば、仕事のことで

「俺がやろうとしていることの意図を、上司や同僚にはなかなかわかってもらえないんだよね……」

と話してくれたなら、

「あなたが考えていることは、他の人よりもずーっとレベルが高いから、もしかしたら噛み砕いて話してあげないと伝わらないのかも」

というふうに伝えてみましょう!

質問力を磨き、本人も気づいていない本音を引き出す

私もいまもなお磨き続けているスキルであり、すべての女性に身につけてほしいスキル、それは質問力です。

質問力に長けている女性は、間違いなくアゲ妻になれます。

さらに、的確な質問をしながら夫自身が気づいていない本音を引き出せるようになると、もう彼は彼女を手放せなくなります。

それにはまず、「自分は何がわからなくて、何が疑問なのか」。これを、言葉にできるようにすることです。

相手に対して興味を持ち、聞きたいことを見つけることが、質問力を磨く第一歩。

最初は手当たり次第でいいので、

「こういうことなの？」

「なんでそう思ったの？」

と、どんどん聞いていくのがおすすめ。そのうちに、夫は自然に、質問をしなくても自分からあなたになんでも話すようになってくるでしょう。

質問することは、考えるきっかけをあげること

夫との関係を改善し、絶賛コミュニケーションのトレーニング中の香織さん（仮名）ご夫妻の話です。あるとき、香織さんの夫の部下が家の都合で辞めることになりました。そこで新たに部下を募集し、最終的に二人の候補者が残りました。一人は30代前半、もう一人は40代後半の方でした。

香織さんの夫は、どちらを採用するか悩んで彼女に意見を求めたのですが、これは

適当に答えられないなと思い、夫自身がどう思っているか、本心を聞き出すことにしたそうです。

「あなたは、本音ではどちらがいいの？」と聞くと、「わからない」という答え。

「たとえば、30代の人を雇ったときの、メリットとデメリットはなんだと思う？」

「では、40代の人の場合はどうなの？」

「どちらのほうが、デメリットは大きいの？」

こんなふうに聞き続けていたら、自分から40代の人を選びました。

ただ、「でも俺、年上の女性を部下として雇ったことがなくて、怖いんだよね」と一言。香織さんは、本音はそこか！　とちょっとビックリ。

「でも、年上の私を上手に手なずけてるじゃない。女の人は、頭ごなしに言われたり、否定されたりすると素直になれないことがあるから、そこに注意しながら、必ずほめて指示を出すようにすれば大丈夫だと思うよ」

と言うと、旦那さんも納得されたそう。

尋問している感じはNGだけど、「こうしたらどうなるの？」「こういう場合はどうなの？」と、深く考えず、単純にどうなんだろうと疑問に思うことを聞いていくと、相手の口から本音が出てくるもの。本音が出てくると、「自分がどうしたいか」がわかり、問題の解決につながります。

先ほどの香織さんの旦那様の場合、「怖い」という本音がありました。その本音が出てきたら、何が「怖い」のか、どんなことを怖いと言っているのか、彼が使っている「怖い」という言葉の定義を確認する。こうすると、もっと理解が深まります。

そして、コミュニケーションをとるなかで、物事の見方やとらえ方を別の角度から考えていくことで、いままで持っていた固定観念がまったく別物のように書き換わることもあります。

一歩踏み込んだコミュニケーションは、よりよい関係をつくるきっかけにもなり、共に成長できる足がかりになります。

難しいことはありません。ちょっとした疑問を投げかけるだけで、夫は考えるきっかけをもらえてありがたいと感じるかもしれません。

余計な一言を言わない。大切な一言を言う

男性は、仕事がうまくいっていないときなど、妻を不安にさせたくない、余計な心配をかけたくないと無理に隠したりします。それは、自分が負けと認めたくない、弱音を吐くのは男としての体面に関わると思っている側面があるからです。

一方、自分がどんなに弱っていても、どんなに弱音を吐いても、妻が取り乱すことなく、いまこの瞬間の状態だけにとらわれずに、自分の将来を自分以上に信じて思いやりを示してくれたら、夫はその状況から逃げずに、じっくりと向き合い、解決策を考えることができるようになるものです。

職場では言えない悩みを聞き、心の重荷をとってあげることができれば、夫はいままで以上の力を発揮し、ぐっと成長するでしょう。自分が順調なときだけでなく、苦しいときも妻とは分かち合えると知っていたら、どんなことも頑張れるものなのです。

つまり、彼ならどんなことがあっても大丈夫と彼の未来を信頼し、彼の話をじっくり聞き、自分の本音も、意見も、しっかりと伝えられることができればいいのです。

しかし、現実はこのようなやりとりの夫婦が少なくないようです。

妻「おかえりなさい」
夫「ただいま。今日さ、」
妻（夫が話そうとする前に）「スーツのジャケットちゃんとかけておいてね。靴下は洗面所の脱衣かごに入れておいてよ」
夫（妻は自分の話に興味がないと悟り、話そうと思っていたことを飲み込む）
妻「アイちゃんの塾の成績がイマイチなの。算数を教えてあげてくれる？」
夫（無言で算数を教えることに取りかかる）

このたった3往復のやりとりにも、危険がいっぱい潜んでいます。夫は登場しているけれど、ほとんど話していない……。これが続くと、夫は妻を妻として愛することができなくなり、まるで母親のように指図する妻が自分の母親と重なるため抱くことができなくなり……etc。この問題だけで一冊の本になりそうなほど濃いため、あとは別の機会に。

さて、この夫婦はコミュニケーションをどう変えたらいいのでしょう？

たとえば、おかえりなさいと言ったあとに、何も言わずに穏やかな表情で静かにしている。それは相手が話せる隙を与えてあげること。夫は、その日のできごとを話し始めるかもしれません。

そして、話を最後まで興味深く聞き、（付き合っていたときのように）要領を得た質問をする。これだけで夫は満足し、自然と次は妻の話を聞いてあげなきゃと思うようになります。自ら耳を貸してくれるようになるのです。

ただ話す隙を与えるだけで、夫も妻もくつろぎと解放を感じます。この双方向のコミュニケーションが普段からできていると、夫はいかなるときも頑張れる翼を背につけたも同然です。

聞き上手、質問上手になるためには、夫の仕事をしっかり理解していなければと思う人もいるかもしれません。しかし、そんなことはないのです。知らなくても十分満足感を与えられます。夫は、興味さえ示してくれればそれで満足なものです。だって、ビジネスパートナーと結婚したのではないのだから。そこまでのことを求めていないのです。

不満は「笑い」で包んで伝える

私の夫は弁護士という仕事柄、日頃からクライアントのために闘っています。受け持っている案件も多く、ものすごい集中力で長時間仕事をしているため、家に帰ってきたときには、今日もあるだけのエネルギーを燃やしたという感じで、さすがに疲れている様子。

でも、だからこそ、私と過ごすときは知らないうちにエネルギーが補充され、また元気モリモリになれるような、そんな**「充電器のような存在になる」**と私は決めているんです。

まずは心をほぐす。夫は左脳派だけど、私は右脳派。その右脳を使って、「なんだかわからないけど笑える」というような、笑いの要素をまぜて話します。笑いには技術がいるため、どういうことをすると彼は笑うのか、私も夫にいろいろトライ&エラーをしてきました。

たとえば、夫に文句を言いたくなったときでも、笑いの要素をモリモリ入れたらこんなふうになります。

ある日、夫が運転する車でドライブをしていたら、高速道路の出口を逃してしまいました。すると夫は「ポコ（↑私の呼び名）が出口だよと教えてくれれば、こんなにも時間をロスしなくてよかったー。気が利かない！　時間がもったいなさすぎ！」と呪文のように、何度も何度も言い出しました。

この言葉を聞くと、「こっ、この人、まさかの責任転嫁！」となりますよね？　自分が間違えたのに、私が悪いと言い出してるよね？？？？　状態に陥ります。でもこれをそのまま口にするとケンカ・険悪まっしぐら。そこで、かわいい裁判官を演じることにします。

「えっと、現場検証をいたしますと、NICK氏(↑夫の呼び名)は、妻のヒロコ氏に、とっても助けて〜ほしかった。しかし、肝心のヒロコ氏は、〝ほげー〟と車に乗っており、出口さえも知らなかった。よって、ヒロコ氏は『ほげ罪』。夫のNICK氏においては、自分のミスを妻のミスのように見せかけた罪は重く、よって『嘘つき罪』が適用され、妻ヒロコ氏にディナーをおごるように命ずる」

もし、妻がこんなバカバカしいことを一生懸命演じていたら、思わず笑ってしまいませんか。笑っている間に、何にイライラしていたのか、どうでもよくなって忘れてしまうと思うのです。

そして、妻も、言いたかったことを(裁判官になりきって)すべて言えたので、スッキリ!! という具合になります。心のなかには、イライラも不満もたまりません。

こんな感じで、「どういうことを言うと、想定外だと感じて喜んでもらえるかな?」といつも考えて、毎回試す日々。考えていないと思い浮かばないけれど、つねに考えていると笑いの引き出しがどんどん増えていくんです。

どんなことも、見方やとらえ方を「笑い」に変えるといつも楽しい気持ちでいられます。笑いこそが、一番の活力の源、充電になるのではと思っています。妻も知らず知らずのうちに癒やされていますし、おすすめです。

夫が「弱っている姿」を見せられる妻になる

夫が仕事にやる気を見出せていない姿を見ると、妻も悩んでしまうもの。

でも、夫も本当は、もっと仕事を頑張りたいと思っているかもしれません。それでも何かが空回りしているとか、職場や仕事内容が合っていないとか、精神的にも肉体的にも疲れ切っているとか、目標を失っているとか。もしかするとステージアップする前で、いまの仕事を卒業するタイミングなのかもしれません。

そんなとき妻がどう振る舞えばいいか、解説します。まず、「どうして自分がいま頑張れないのか」を、夫に話してもらいましょう。

「最近、元気がないんじゃない？」

「気晴らしにどこかへ行く？」

と、きっかけをつくってあげましょう。やる気が出ない原因に、夫自身も気づいていないかもしれないから、一緒に見つけられるといいなと思います。

話ができる環境になったら、

「仕事のことで悩んでいる？」

と聞いてみます。答えてくれたら、

「なるほど、そうなんだ」

「どうして、そう思ったの？」

と受け入れ共感しながら、

「どうなったらいいと思ってる？」

と、アドバイスするのではなく、気持ちを引き出してあげるつもりで質問していきましょう。

たとえば、同期が出世したことでやる気をなくしているなら、

「あなたはあなたのペースでいけばいいと思う。あなたのことをちゃんと見てくれていて、認めてくれる人がいると思うよ。そんなことがわからない人たちだったら、こちらから願い下げだよね。そんな会社辞めてやれ～（笑）」
「あなたはあなたらしくいけば、絶対大丈夫。私はそれでいいと思っているよ」
などと声をかけてあげてください。

「いい姿」だけを見せ合う関係は弱いものです。夫が弱っているときに、弱っているところをありのまま見せてもらえる関係になれるといいですよね。そのためには、相手を絶対的に信頼して、心配しすぎないこと。

私は、「男性ってカメの甲羅を背負ってるなあ」とつねづね思っています。男性が落ち込んでいるときって、まさに甲羅に入って、状況と気持ちの整理を一人でして、静かに自分のことを見つめる時間が必要なんです。だから、そんなときはあえて声をかけないで見守ってあげてくださいね。

彼が落ち込んでいるときには、間違っても、責めたり説教したりしないように！寄り添うスタンスで、でも母親にはならないように接しましょう。

夫の「無意識」に働きかける

世の中の恋愛本や夫婦関係の本は、そのほとんどが相手の「潜在意識」への働きかけを書いた本。しかし、そこに一つ落とし穴があります。本来、人間関係はパターン化することが難しいもの。これ彼にも当てはまるのかな？　と半信半疑で本に書いてある通りに行うと、その計算が相手の意識へと届いてしまうものなのです。

作家のジョン・キムさんが、私の著書『愛され妻の習慣』の書評を書いてくださいました。一部ご紹介します。

——男性が結婚したいと思う女性は二つのことをクリアする必要がある。キーワードは自尊心と成長。一緒にいて自分の「自尊心」が上がると思わせる女性。一緒にいて自分の「成長」をもたらしてくれる女性。

（中略）

（男性の自尊心を高め、成長を感じさせる）レシピが男性の意識ではなく無意識に働きかけるので、相手の理性の検閲を受けることなく相手が気づいたときはいつのまにか洗脳され、幸せな奴隷化してしまう。

意識に働きかけられると、人はいったん構えます。なぜなら、それは一種の要求であり、コントロールであり、束縛だからです。

それより、気づかないうちに「あ。俺、やってた」というほうが、人間関係はうまくいきます。「意識的ではなく、無意識的にやった」というのがポイントです。人はやらされるより、自発的にやるほうが満足感が高いからです。そのためには、あなたが頭を使って考える必要があるんです。

「夫よ、変われ！」その思いは伝わってしまっている

昭和、平成を経て、令和になったいま。女性は、結婚しても様々な形で自分の仕事を持つことができるようになりました。夫が仕事などで活躍してくれること、夫の収

入が増えることは望んでいるものの、親世代の「内助の功」（ヒロコ的見解：仕事を持たずに、夫が仕事などで活躍することをかいがいしく陰で支える妻）を発揮したいというよりは、「愛する人が変わってくれること」を望んでいます。

そして妻側のこの意識が、夫の意識に働きかけてしまっているものなのです。

以前、うまくいっているカップルとうまくいっていないカップルを研究して気がついたことがあります。うまくいっていないカップルの妻側は、多くの場合、次のどれかに当てはまるという特徴がありました。

1、命令口調
2、「○○をやって」と当然のように要求
3、夫の自由を奪う（信頼していない）
4、ダメ出しをして夫を変えようとする

これらの行為はどれも、男性の意識改革を目的にしているものです。それゆえに、彼らの意識に届いています。しかし男性は、意識に届くことで過敏に反応してしまい、女性側の要求や意見を素直には聞けなくなってしまうのです。ときには、意地を張るように、「妻の言うことは絶対に聞くものか」と思ってしまうかもしれません。

うまくいっている妻の共通点

うまくいっているカップルの妻には、三つの共通点があります。

1、夫を変えようとしない
2、夫の自由を奪わない（信頼している）
3、できていないことではなく、いまあるものに目を向けて感謝している

多くの男性は、愛する人に「ずっとかわいいままで、変わらないこと」を望んでいるのです。いつも笑顔で、性格も優しくて、自分の可能性を信じ、いつも味方でいてくれる女性。彼を信頼し、彼そのものを受け入れているため彼を変える必要がなく、変えないことを前提として、彼と接する女性。

こんな女性と一緒にいる男性は、どんどん自分らしさを発揮しだします。

人は、信頼には信頼で応える

あなたの前提が、「彼を変えない」となったとします。それでも、彼の言動にあれ？と気になるところがあったら、あなたは彼にどんなふうに伝えますか。

彼を変える前提と、彼は彼、彼そのものを尊重すると決めて変えない前提でいるのとでは、発する一言一言が違うものになります。相手を責めることも、攻撃することもなくなり、相手になんとかしてもらおうとすることも不必要になるのです。

ざっくり言えば〝どうでもいい〟ということ。こだわりがなくなり、ニュートラルな状態になります。やってくれても、やってくれなくてもいい。彼のタイミングで彼がそれをしたいと思ったときにしてくれればいいとなるワケです。

人は、素直な気持ちには素直に応えてくれるもの。身構えることなく、心をオープンにしたままでいられると、理性の検問を通らないのです。

STEP1でお伝えしたように、満たされた自分でいられたら大丈夫！　夫は妻をもっと幸せにしてあげたいと、無意識に自分の出番を待ってくれるようになります。そんな夫は、100パーセント外に向けてエネルギーを使い、自分の力を存分に発揮するようになります。

夫がどんどん出世している妻たちに、「どんなことをしましたか？」と聞くと、「私、本当に何もしていません。夫がすごいんです」と言います。

子育ても同じかもしれません。夫が東大のロースクールに通っていた頃に、まわりの人たちがあまりにも熱心に勉強しているので、勉強を始めたきっかけや親がどのくらい口出ししたのかを聞いたことがありました。すると、みんな声をそろえて「親に勉強しろと言われたことは一度もない」と言うではありませんか！

自分で目標を決め、自分でゴールを達成する。そしてそれをサポートしてくれた人に心から感謝しているのです。

賢い妻は声かけで夫を伸ばす

小さなところでは、こんな声かけもおすすめです。

朝、スーツがビシッとキマっていたら、

「なんかいいことありそうだね！」

「今日はキマってるね！」

と、ひと言プラスの言葉をかけてあげるのです。

親指を立ててニコッとするなど、「なかなかいいよ♪」という態度やしぐさをすることで、夫の気分を盛り上げることもできます。妻のそんな言動で、夫の気持ちはピシッとして、「なんか、今日はいいかも。頑張れそうだ」と思うはずです。

さらに、

「そのスーツ着ているあなた、かっこいい！　デートしたくなっちゃう！」

と言っておくと、時間の空いたときにデートに誘ってくれたりするかも？　ほめてくれた妻に対して、なにかお返ししてあげようという気持ちも働きます。

あなたも、何かしてもらったら、私もしてあげたいという気持ちが湧いてきませんか？　夫も同じなんですよね。

妻の「人生でやりたいこと」を小出しにしていく

妻の働きかけで夫がやる気になったら、とってもうれしいことです。でも、それだけで終わらせず、妻のやりたいことにも目を向けましょう。

夫婦でステージを上げていくのには、いろいろな形があります。

「お互いが相棒となって、同じタイミングで上がっていく」

「妻が上がっていくのを夫がサポートして、夫婦として上がっていく」

「夫が上がっていくのを妻がサポートして、夫婦として上がっていく」

どの形でもいいと思うんです。ポイントは、お互いをお互いの人生に巻き込むこと。自分だけではなくて、この人がいるから私も頑張れるし、彼もサポーターがいるから頑張れる、とお互いの存在を認め合い感謝できると幸せが倍増します。

つねにお互いに上がっていける関係性になるには、自分たち夫婦が、どういう形を求めているのかを知って、すり合わせていくことが必要です。

「彼と結婚できて幸せ。幸せな土台ができたいま、次の段階のことを考えられるようになった。これからどんなふうに生きていったらもっとハッピーかな」

と考えたときに、

「私はこういうことをやりたいと思っているんだ」

と、相手に話してほしいんです。そのときに、

「でも、それをやりたいと思えたのは、あなたという存在がいるからであって、もしあなたと結婚しないで一人だったら、この境地にはたどり着かなかった」

ということを上手に彼に伝えられるのがベスト。そして、

「あなたという絶対的な応援団がいるからできるんだ。自分の人生を賭けてこれにチ

ャレンジしたいと思っているんだけど、応援団長してくれる？」

などと、あなたがいるからできるということ、そして自分の本気度を話しましょう。

自分がどうしたいかを、少しずつでも伝えていくんです。

「最近こういうことに興味があって、勉強したいと思っているんだ」

「将来は独立できたらいいなと思っているんだ」

「最近、会社を興すための計画表をつくってみたんだ」

などなど。突然、「やります！」と宣言するんじゃなくて、自分がいまどういうことを考えているのか、ちょっとずつでも話していきましょう。そのほうが理解してもらいやすくなります。

夫に意見を求めると実現に近づく

さらに心がけてほしいのは、「あなただったらどうする？」と彼の考えを聞くこと。

これを続けていると、彼も「自分はこういうふうに生きていきたいと思っているんだよ」と話してくれやすくなります。

お互いの気持ちのすり合わせをしていると、人生のどのタイミングが大変かということも見えてきます。たとえば出産、育児のタイミング（産休、育休、時短など状況に合わせた働き方）や、転職、引っ越し、子どもの受験、親の介護、定年など、タイミングをそれぞれ見ながら計画を立てていけるといいですよね。

計画を紙に書いて見える化したもので示してあげると、彼もわかりやすいはずです。男性から見ると、女性は様々な役割やタスクが多いなかでやりたくてもできないことが多いため、「ああ言っていたけれど、結局やらないじゃない」と中途半端に見えてしまうことが多いよう。

でも、本当にあたためているものであれば、徐々に小出しにしていって、最終的には「これなんだ」と自分の熱い想いを語れるようにしておくことをおすすめします。相手にいかに本気度が伝わるかが大切です。

自分のときに応援してもらい、反対に彼に勝負のタイミングがきたら、

「じゃ、私はちょっと仕事を抑えてあなたをサポートするね」

と人生を通して互いがサポートしあえるように計画していくと、お互いが伸びるこ

と間違いなしです。

夫に同じ方向を見てもらうためには

「こういう夫婦になりたい」

「自分はこういう仕事をしていきたい」

そんな思いがあれば、夫にも同じ方向を見てもらいたいのが女性の本音のはず。それなら、やっぱりすり合わせするのが一番。

自分一人だけの世界ではなくて、彼の世界と自分の世界をミックスしていくようなイメージがおすすめです。ただただ自分の方向へ向いてもらおうとするのは、コントロールになってしまいます。そうなると、うまくいきません。

同じほうを向いてほしいという部分で、絶対にゆずれないところ、ゆずれるところをあなたのなかで明確にしておきましょう。同じように、彼にもゆずれないところ、

ゆずれるところを出してもらうんです。自分が「ゆずれないところ」は、ゆずってもらう。彼がゆずれないところで自分がこだわりなくゆずれるところは、快くゆずる。

こうすると、二人とも納得のいく答えにたどり着けるんです。

お互いがお互いの思いを叶え合って、初めて本物の夫婦になれるんじゃないかなと思うんです。

もし、彼の意見に「ちょっと違うな」と気になる点があっても、いったんは「へ〜そうなんだ！」「新鮮！」と自分のなかの新しい扉を開く感覚で、まずはなぜその意見なのか、興味を持って聞いてみましょう。自分では思いつかない世界が広がって、「これもいいじゃない」と思えることもあるもの。そうやって世界を広げていけるのも、夫婦の醍醐味。

「こんな価値観があるんだ」「嫌だと思っていたことが、意外とよかった」。そんなことだってたくさんあります。自分の意見に固執せず、相手の意見も受け入れながら、上手にバランスを取っていきましょう。

「私のほうがデキる」と夫に物足りなさを感じたら

いつからか夫が頼りなく見える。優しくていい人だとわかってはいるけれど、なんだか尊敬できなくなってしまった。もっと向上心を持ってくれれば、もっと意欲的に転職活動をしてくれれば、副業や複業を考えてくれれば、彼も〝私と同じくらい成長するかも〟と思い、本当に悪気なく、よかれと思ってビジネス系のセミナーを紹介したり、あれこれアドバイスをしたりしてしまう——。

彼に男らしさを感じられ、尊敬できるように、好きだった頃の気持ちを取り戻せるように、なんて願いを込めて、もっともっとと求めてしまうこともあります。

経験が増え、成長すると、見える景色が大きく広がります。出会わなかった人に出会い、出入りしなかった場所に行くようになり、刺激がいっぱい。そんなとき、いままでと変わらぬ夫を見て、なんだか前の場所に引きずり下ろされるような感じがしてしまうのかもしれません。

そんなときは、この言葉を思い出してください。

「影響されるよりも、影響する人になる」

夫婦であっても成長のタイミングは様々です。自分と同じように、いま成長するべきと思うのは、傲慢かもしれません。もちろん、同じステージに一緒にいたほうが楽しいと思う気持ちもわかります。でも、お互いが違うステージにいるからこそ見えること、刺激し合えることもあるはず。そして何よりも、人の価値は、成長の速度でも、収入の多さでもありません。

夫をどうこうする前に、自分が成長しきる

出会ったばかりの頃を、そして彼がプロポーズしてくれたら嬉しいなと思っていた頃を、一緒に暮らし始めて新鮮でドキドキした頃のことを思い出してみてください。

そもそも、彼のどういうところが好きでしたか?

ぜひ、もう一度思い出してみてください。

きっと「○○会社に勤めているから」という部分が一番重要ではなかったはずなんですよね。

「人を大事にできる人だから」とか、「一緒にいて心から安心できるから」といった人間性の部分に、彼のよさを見出していたのではないでしょうか。そのよさを、まだ彼は変わらず持っているということに気づくと、幸せ感が戻ります。そのよさが好きだから、一緒にいるんだということを思い出してほしいんです。

そうは言っても、だんだん自分が成長していくにつれて、彼にも成長してほしいなと思うなら、あなた自身がしっかり成熟していきましょう。そうすると彼も、

「彼女は器が大きくなってきた」

「彼女は成長している」

と認めて、自分も頑張ろうと奮起できるんです。

私たちはとかく、成長していることが嬉しくて、まだ成長への一歩を踏み出したばかりで10％くらいの成長度のところにいるのに、「私は成長したんだ！」と思い込ん

でしまうところがあるようです。

彼との成長の差は考えずに、自分が目指しているものを、本気でコツコツやっていきましょう。**本気で取り組んでいることに関しては、男性は絶対に応援してくれるものなんです。**

あなたの本気度が高ければ高いほど、彼は応援団になってくれて「彼女に合う俺でいたい」と、自分なりに成長しようと努力するはず。彼女がどんどん成長して自分との差が大きくなってしまったら、自分よりいい男性と彼女が出会ってしまうかもしれない――そんな危機感と緊張感を持って、女性に見合う自分になろうとしてくれるんです。

あなた自身が成長しきるまでは、自分が上だ下だと考えないで、とにかく努力し続けましょう。あなたが目指しているものを叶えるために、コツコツとステップを踏んでいきたいですね。

夫婦はバランスを取ろうとするもの

夫婦というのは、バランスを取ろうとするものです。自分がぐーっと強くなると、相手が弱くなるというように。

そういう意味では、彼がなかなか成長しないなぁというときには、

「あ、いまバランスを取ってくれているんだな」

「私が伸びるために、いま彼が反対側の安定ポジションについてくれているのだな」

ととらえるといいです。

人は、ずっと右肩上がりに伸び続けるものではありません。安定期間もあれば、下がるときもあります。彼には彼の波がありますから、そのタイミングも見ていてあげるといいですね。きっと、妻に応援してほしいタイミングもあるはず。そんなときには、彼を守《も》り立てる姿勢を大事にしましょう。

自分がある程度まで伸びたなと思えると、成長する曲線はゆるーくなっていくもの

です。そのゆるくなったタイミングで、自分のペースを落とし、彼が伸びることができるように、またバランスを取り直しましょう。夫婦生活はフルマラソンです。長い目で見ることも大切ですよ。

とにかく、「彼も伸びる人だ」「タイミングがきたら伸びる！」ということを絶対的に信じましょう！

妻の意識が変わると夫の意識も変わる

ここで、妻の意識が変わることで、夫が影響されていった、素敵な夫婦のエピソードを紹介します。

あるとき、毎晩遅くまで仕事をしているけれど、お給料には反映されていない、いわゆるブラック企業で働く夫を持つ優子さん（仮名）が相談にやってきました。

起業して成功を収めている優子さんは、夫がそんな環境で働いていることに耐えられず、

「あなたも起業したら？」

と提案したのにいっこうに働き方を変えようとしない夫にイライラ。

収入の差もどんどん広がり、彼女だけが成長して、彼は置いてけぼりの状態に。

「こんなんじゃ、もう私一人でもいいんじゃないかなと思うんです」

と不満気味。そこで私はこう伝えました。

「もしも、あなたが彼だったら、妻の自分に対する働きかけをどう思う？ 自分が伸びたら、相手も伸びるべきだとか、働き方に問題があるとか、お給料が低すぎるとか言われたら……。彼になりきって感じてみてほしいな」

そして、彼のよさは何か？ 彼らしさとは？ 彼なりに頑張っているとしたらどんなこと？ などと質問しているうちに、優子さんははっと気がつき、

「まずは、彼のペースで頑張ってやっていることを認めていきます」

となりました。彼女は、徹底して、夫のいいところを見つけてほめることをしていきました。そうしていくうちに、「あなたがこうして会社勤めしてくれているから、

私が起業してこんなに自由に働けている。夫婦としてのバランスを取ってくれて、ありがとう」と思えるようになって、彼女自身も肩の力が抜けていったんです。感謝の気持ちも生まれてきました。

それまで、彼女は自分で稼いだお金を「私のお金」ととらえてもいました。「私が払ってあげている」という感覚です。それに対して、

「どちらが稼いでいるとか、どちらのお金というよりも、二人はチームだから『二人のお金&家族のお金』ととらえられるように意識を変えていけるといいね」

とアドバイスしました。それ以来、レストランでも、彼女がカッコよくクレジットカードを切るのではなく、お金を彼に渡して、彼に支払ってもらうようにしました。

そうすると今度は、

「今日は俺がおごってあげたい」

「俺が何かを買ってあげたい」

というふうに、彼がちょっとずつ変わっていきました。そのことで、優子さんが喜ぶようになったら、もっとしてあげたいという気持ちがどんどん強くなっていって、

「家庭のためにも働き方を変えようと思うんだけど、何かいい方法がないかな？」

と、彼女に相談するまでになったんです。

「上司にお給料のこと、交渉してみたらどうかな？」

「そうだね、一度もしたことがないから、交渉してみるよ」

こんな話ができるほど関係は良好に。

そうしたら、どうなったと思いますか？　なんと彼が昇給したのです！

「あなたすごいじゃない！　あなたがやっていること、認められているじゃない！」

と、彼と一緒に優子さんは大喜びしました。

それから少したったところで、私は優子さんに次なるアドバイスをしました。「彼の仕事はコンサル業だから、会社に所属しなくてもできる仕事内容だよね」と、身近な人に聞いた話や、本で読んだ話のなかから、新しい働き方を彼に伝えてもらったのです。目的は、「ひとつの情報として彼に伝えること」。彼がそれで変わっても変わらなくても、そこは関係ないと思うようにと優子さんに伝えました。

そして半年後。彼は、いまの会社で、新しい働き方ができないか上司に相談することを決断し、最終的に会社と業務委託契約を取り付けることができて、なんと働き方も変えるまでになったんです。

成長のスピードも違うし、お給料も違う。でも、彼女からしてみれば、以前は絶対に動かなかった彼がちょっとずつ自分を変えていき、働き方まで変えたのを目の当たりにすることで、「共に成長している」という感覚を持てました。

いままでは、「あぁ、この人でよかった!」と、彼女は幸せを感じています。彼のほうも、「君がいたから、こうして働き方を変えることができた。こんなふうにできるなんて想像もしなかったよ!」と二人の関係に大満足。お互いにいい刺激を与え合っている、素敵なご夫婦です。これが、共にステージをアップさせていくということなんですね。

ビジネス感覚を家庭に持ち込もう

さあ、ここからもっと踏み込んだ話をしていきます。夫婦でステージを上げるために知っておいてほしいこと。それは、「ビジネス感覚を磨く」ということです。

ビジネスをどうとらえるかにもよりますが、私が講座の生徒さんによく言うのは、「自分の立ち位置でそのまま物事を見ても、どうすればいいかわからないもの。**一つ上の立ち位置から物事を見ましょう**」ということです。

たとえば、企業に勤めている場合は、雇われているという立場ではなく、自分が一個人事業主だったら、経営者だったら、どう考えていくのかという視点から物事を見ようと伝えています。

そうすると、これまでとまるで違うビジネス感覚が磨かれます。上に行けば行くほど、視点は大きく変わるからです。

ビジネス感覚は、夫婦関係でも大いに使えます。ビジネスで成功している人は、人との距離の取り方、つながり方、育て方などが上手な人が多いもの。その人間関係構築力を、夫婦関係でも生かしています。

だって、夫婦は人生を一緒に歩む大切なチームメイトです。それぞれが自分の人生のオーナー。その二人が運営しているのは、「株式会社幸せ家族」。この会社は自分たちでつくっていくものと個々が認識し、そのうえで何ができるのかを考え、二人だけの形をつくり上げていくと考えると、よりよくしようと自ら行動していきませんか。

この延長線上で、「これが仕事だとしたらどう思う?」と自分に聞いてみると、答えがわかったりするんですよね。

働いていなくても、「一家の社長なら」と考える

働いていないから、いまいちピンとこないなと思う人も、「自分が一家の社長だとしたら?」と考えるのがおすすめです。

以前、医師と結婚して出産し、一般事務の仕事を辞めた女性が私のところへきてくれていました。彼女はこう話していました。

「自分が鳥カゴのなかの鳥のように思えて、不自由に感じているんです」

「稼ぎも社会的地位も、夫のほうが上だから、私には何も敵《かな》うものがなくて……」

そう言って、完全に自信喪失していました。そこで私は、こうお伝えしました。

「妻や母ではなく、『一家を経営している社長として、夫が部下だとしたらどう育てる？』という視点を持っていると、関わり方がもっと変わってくるはずです」

するとと彼女は、

「私が一家の社長ならば、もっと自分の意見を夫に伝えます」

と言い、夫に自分の気持ちを話すことに。その結果、もうちょっと使えるお金を増やしたいことにも気づき、夫に「経費を増やしてほしい」と交渉して生活費を増やしてもらい、自分の好きなこともできるようになったんです！

そうこうしているうちに、どんどん心が自由になっていき、仕事を再開したいとまで思えるようになったそうですよ。ビジネス感覚を磨くことに専業主婦であるかどうかは、まったく関係ないということがわかりますね。

「流れに乗る力」のつけ方

ビジネス感覚は、人生をハッピーにしたいと思ったらぜひ身につけたい力の一つ。なかでも「流れに乗る力」は、変化の多いいまの時代、必須と言えるでしょう。

流れに乗るために一番意識してほしいのは、**「これをやる！」と強く決断すること**です。**決めると、次の行動も決まるので、そこで流れに乗れます。**失敗することなんて考えず、「流れに乗っている感覚」を持って乗ってしまってほしいんです。

もちろん、大きな試練を経験するときもあるかもしれません。それでも大丈夫。自分が本気になれば、乗り越えられない試練なんてありません。そして、その試練から学べることがたくさんあるはずです。あとで振り返ってみると、当時は苦しすぎたけど、あの経験があったからいまがあるなど、必ず自分の肥やしとなって役に立つはずです。

自然に波に乗る感覚で、流れを止めないようにするんです。タイミングが大切なことではありますが、どんなときも夫には相談しましょう。もし反対意見を言われても、だから嫌なのよ！　などと思わず、まずは感謝。「私の本気度を試してくれているぞ！」「反対されているけれど、私は本気？」と、しっかり自分の気持ちを確かめてみてください。

長く続けるつもりで始めたことも、なんだか気分がモヤモヤするときは、一度、振り返りをする。**どこから歯車が狂ったのか、どこかに自分の気持ちを無視した部分が**

なかったかを見直します。どんな小さなことでも、見て見ぬふりをした部分があるはずなので、それを見つけて、「本当は、自分はどうしたいのか」を軸に軌道修正していくんです。

小さな違和感を見逃さない

人は、自分の気持ちにズレがあっても、それが些細なものなら、「いまはタイミングじゃないのかな」「これでいいのかな？　いや、いいに違いない」と、見て見ぬふりをして心の声にフタをしてしまいがち。でも、そこを無視してしまうと、残念なことに違う方向へ向かってしまうことが多いんです。

なかには、「やりたいと思ったけれど、やっぱり違った」ということもあるはず。そんなときは、最初に想像していたものと違ってきて、流れが変わるのでわかります。「あれ？　思っていた方向となんか違う」というときは、私ならやめます。そのまま続けて、大変なことになっちゃった経験が何回もあるからです(笑)。

しようとしていたことをやめるときも、私は夫に報告します。「やろうと思っていたけど、こういうふうに流れが変わってね、やめたの」と相談すれば、「いいんじゃないか」と私の決断を後押ししてくれます。また、「こういうふうに思うんだけど、どうしようかなと思っているんだ」と言えば、いろいろと質問してくれるので、自分の思いが整理されて、決断して進んでいけます。

ときには、「進んじゃったらどうなる⁉」と、怖さが出てくることもあります。そうしたら、**「何も障害がないとしたら、どうしたいのか」**をイメージしましょう。そこで出た答えが、本当にやりたいことです。

自分を信じて動いていると、後押ししてくれる物や人が現れる

あるクライアントさんの例をあげますね。

彼女は、子どもの頃からずっと親の敷いたレールの上を歩いてきて、いい大学、いい会社へと進んできました。でもあるとき、「自分には、本当は他にやりたいことがある！」と気づいたのです。

でも、いまの会社を辞めることには怖さがあって、なかなか行動できない。ずっと悶々とした日々を送っているうちに、仕事への集中力も途切れ気味に……。そんな状態の彼女に、私はこう聞きました。

「仕事を辞めても、まわりから何か言われることもなく、親に心配をかけることもなかったとしたら？　つまり、何も障害がないとしたら、あなたはどうしたい？」

彼女は、真剣に自分に問いました。そうしたら、

「辞めたい」

という答えにたどり着いたんですね。

人によっては、それが「逃げ」になってしまう場合もあるので、見極めは必要です。でも本当に次のステージへ向かうための決断であれば、進んでいってほしいのです。

実際のところ、まったく障害がないものだったとしたら、やっていてもつまらない

ものなんですよね。味気ないというのかな。だから、やりたいのだったら、「どんな障害があっても、それを解決できる能力が自分にはある！」と信じてやってみてほしいんです。そうすれば、いい流れに乗れるようになっていきます。

自分を信じて動いていると、「これをやりたいな」というときに、後押ししてくれる人が現れたり、誰かいい人を紹介してくれることになったり、やりたいことそのものと出会ったりします。

たとえば、「引っ越ししたいな」と思っているときに「これだ！」という物件がぽっと出てきたときは、「これは流れがきている〜！」と思って乗ったりします。本当にそうしたほうがいいというものに関しては、目の前に材料が用意されてくるような気がするんです。

また、なぜかわからないけれど、同じようなテーマの出来事や仕事がたくさん続いたとしたら、「これは何を意味しているんだろう？」と考えます。やっぱり、意味のないことは起こらないんです。

失敗するほど、本当に行きたいところに行ける

怖さがあって、せっかくのチャンスに飛び込めないことってありますよね。

そんなときは、どうしたらいいと思いますか？

答えは一つ。「やると決める」だけです。

決断すると、もうやるしかないので、飛び込む勇気もついてきます。決断していないから、ああだこうだと悩んじゃうもの。

決断力をつけるには、それを本当にやりたいのか、やりたくないのか、自分に問うしかないんです。

そして、本当にやりたければ、決断して動くしかない！

日本人は、失敗を過度に恐れているところがあると感じます。「失敗は恥ずかしい

こと、メンツが潰れること」と思いがちではないですか？

私はいま50歳ですが、大なり小なり失敗をたくさんしてきたからこそ自分が本当に望んでいる未来にたどりつけるものと実感しています。

だって、失敗がないと、本当の意味での「成幸」はないと感じるから。地固めのない「成幸」になってしまう分、長く続かないと思うんです。失敗は変化というチャンスを与えてくれる自分への大切な贈り物かもしれません。失敗という経験はたくさんのことを教えてくれます。人生においての学びが深まります。自分が本当に行きたいところに行けるのです。

ときには壁にぶち当たることもないと、大きく成長できないものなのかもしれません。そう思えば、失敗を恐れずに、チャンスに飛び込める気がしませんか？

だから、仕事でもパートナーシップでも、小さな失敗をたくさん重ねてほしいんです。相手を怒らせてしまったり、相手を傷つけてしまったり、男女間にはいろんな衝突がつきもの。でも、小さなことであればそれもいいと思うんです。

「あぁ、彼はこういうことで怒るんだな」「こういうことで傷ついちゃうんだ」と経験することで、生きた情報が積み上がってきます。そうすると、きっと大きな失敗はしないはず。小さな失敗をしないから、あるとき大きな失敗がドーンときてしまうんです。

スポーツと同じです。たとえばスキーも最初はたくさん転ぶけれど、そのうち身体が滑り方を覚えていくと転ばなくなりますよね。最初に転んでいると、転ぶ感覚がどういうものかわかっているから、転ぶこと自体がそれほど怖くなってきます。でも転び方を知らないと、いつまでたっても、転ぶのが怖いからと始めることさえできないのです。

それって、長い目で見ると、自分から成長を止めていることと同じ。機会損失が多いほど未来への投資が少ないことになってしまいます。たくさんの小さな転ぶ経験を積み重ねて、軽やかに人生を歩んでいきたいですね。

私も、失敗談を夫によく話しています。単に時系列で1から10までを話すのではなく、どういう状況があり、なぜ失敗したのか、その理由と改善案、そこからの学び、そして、今後どのように人生に生かしていくかなどを、ときには真面目に、ときにはユーモアたっぷりに話をします。

夫と共有することで、夫は、私の思考回路や何かあったときの対処法までわかり、私への大きな安心感と信頼につながるのです。そして、ときには、私の話から疑似的に体験をして、経験という引き出しを増やしています。そのことが、学びにも、刺激にもなりえるのです。

最終的には直感を信じる

どんな人でも、直感を持っているはずです。

私の場合は25年間経営をしているので、最終的には経験の積み重ねからくる感性に頼るしかない分、積極的に直感力を伸ばすようにしていますが、もともとはみんなが持っているものだと思うんです。

たとえば、AとBの選択肢が目の前にあるとき。

本当はBだと思っているのにAを選んだときは、モヤモヤしませんか？　何か違うと感じたりしませんか？

それは直感がノーと言っている証拠。直感で出てきた答えに、怖がらずに素直に従ってみることがとっても大事です。自分がワクワクすることや、「これかも！」と感じていることに従っていくと、自分の選択に責任がとれますよね。「これだな！」と思えることなら、決断だってできるはず。この「決める」というのは何においても重要です。なんたって、**物事は決めなければ始まらないのだから！**

それでもどうしても迷う場合には、私はよくイメージします。

Aを取った場合とBを取った場合、それぞれにどんな未来が待っていそうか。イメージしたら、自分のなりたい未来に近いほうを選択するんです。

そもそも自分の直感が働かないほうは、うまく想像ができないし、頭で一生懸命考えても、どこか納得がいっていない。

心が喜ばないとストレスがたまるので、「私はどうしたいの？」と自分に聞いて、本当にしたいことをして、自分に責任を持たせるようにしています。

そのうえでAと決めたら、絶対に振り返りません！　たとえそれが失敗だろうがな

んだろうが、そこに何か意味があるのだろうから、もう、これで行く！　そんなふうに決断したほうが、気持ちのいい人生を送れます。ぜひやってみてくださいね！

世帯収入を上げるには「夢に投資」が不可欠

「現状維持」では、お金はなかなか増えません。成長のためには勉強が必要ですし、勉強にはお金が必要です。彼の夢にも自分の夢にも「投資する」という考え方を取り入れましょう。

私の夫は、39歳のときに弁護士になりたいと言い出しました。男性の30代後半から40代前半というのは、一番脂が乗っていていい時期です。そんな時期に大丈夫か？という不安も一瞬よぎりました。

そこで、目の前にいる夫は、やり抜く力を持っているか、もしダメだったときにどうするかを想像してみたのです。

そうしたら、あー、この人ならやり抜くと思いました。そして、もし頑張っても弁護士になれなかったとしても、途中で弁護士にならないと決めたとしても、この人なら、なんとでも自分の人生を切り開いていける！　と想像できたのです。そうしたら、不安が消えて、夫の未来に投資をしてみようと思ったのです。

そのことを、夫はいまでも感謝してくれています。そして、頑張り抜いた5年間が夫婦の絆と信頼を深めてくれることにもなりました。私自身も目標を達成していく夫のそばで疑似体験ができて楽しかった！　人生のなかで最高に楽しい夢投資だったと思っています。

夫の性格、二人の描く将来像をしっかりと考えて、ここぞと思ったら投資をすることもぜひ検討してみてください。もちろん、自分への投資も大いにアリです！

夫が使うお金を制限しない

日常のお金に関して言えば、どちらのほうが管理が得意なのかを話し合って、得意なほうが担当しましょう。これは夫婦に限ったことではなく、何事も不得意を底上げするよりも得意を伸ばし、不得意をカバーし合うチームを作って動いたほうがうまくいくもの。

夫婦というチームでは意外と、月々の固定費の支払いを夫に任せているとうまくいく場合が多いんです。なぜかというと、男性は感情を入れずに淡々と支払いや管理ができる人が多いからです。反対に、女性は「お金がなくなってしまう」という不安を感じやすい生き物。思い切って夫に任せることで、不安や心配が丸ごとなくなって、女性はラクに生きられるんです。

もし、二人ともお金の管理が苦手だとしても、一人で請け負わずに、一部は相手に託すようにするといいかもしれません。

そして、できれば、**夫が使うお金を制限しないことを、私は強くおすすめします！何を隠そう、それが男性を伸ばすことにつながるからなんです！！！**

お金を制限しないことで、人脈を広げたり、学びに投資したり……と、選択肢が増えます。それが成長につながっていくのです。

これは、妻の場合も同じですね。妻が家計を管理して、夫はおこづかい制という家庭も多いと思いますが、できる範囲でお互いの自由を尊重して、二人のステージを上げたいですね。

妻が選択肢を用意しつつ、「選んだのはあなた」と責任を持ってもらう

たとえば、あなたがやりたいことがあるとします。そうしたら選択肢を用意して、そのなかでどれにするかを、夫に選んでもらうんです。

「決めてくれてありがとう」と、最初にリストをつくったのは自分だけれど、選んだのはあなた、と責任を持たせるようにするというコミュニケーション方法は、いろいろなことに応用できます。

たとえば、わが家の場合。

住む家を決めるとき、夫はあまり興味がないので私に任せてくれます。私はいろいろ調べて三つくらい選んで、あとで一緒に見学してもらうようにして夫を巻き込みま

す。

見学後、「どこがよかった？」と聞いて、彼が「Aかな」と答えたとします。そうしたら、「そっか、Aを選んだ理由は？　なるほど！　Aもいいけど、じつはBって○○なんだよね〜」

と返します。すると、

「そうだな。Bもいいよな。じゃ、Bにするか」

と返ってきます。こんなふうに会話をしていくと、はじめは私が提案したことだったということは忘れ、彼はさも自分が選んだかのように思ってくれるんです。

この会話でいいのは、彼にとっては「自分が決めたこと」になるので、ちゃんと責任を持ってくれること。選ばされたという感じはなく、自分が選んだと思ってもらえます。

こんなふうに、日常的にこちらからボールを投げて、彼が決めていくというスタイルをとると、夫がいろいろなことに責任を持ってくれて、伸びていきます。

責任を持ってもらったほうが、男性は伸びていきます。

いまの女性はなんでもできてしまうから、全部自分で抱えてしまう人が多いんですよね。でも、自分ができること、判断できることでも、なるべく責任は男性に持ってもらいましょう。そうすると、夫婦関係はもっとうまくいきます！

仕事・子育て・結婚生活のサイクルを夫婦で共有する

まず、仕事、子育て、結婚生活の三つのエリアにはそれぞれサイクルがあることを知り、夫婦で共有しましょう。お互いがどの立ち位置にいるのかを理解することで、タイミングに合わせて関わり方を変えていくことができます。

たとえば、私のように小さな会社を運営している場合、仕事のエリアでは経営のサイクルが次のように回ります。

【仕事のサイクル】
・創業期（一人ですべてを担うため、多忙を極める時期）

・成長期（スタッフを雇用するなど、人のマネジメントなどで悩む時期）
・成熟期（安定している時期）
・衰退期（世の中の流れが移り変わってきていることにすぐに気がつけず、次なるステップや一手を何にすればいいのか思い悩む時期）
・再生期（経済的に困窮する時期）
※以降、成長期から再生期を繰り返す

このサイクルは、大きな会社に比べると短い期間で早く回ります（いま流行りのSNSを使って起業をしている場合、このサイクルはさらに早く回ります）。お勧めの方も、自分自身のお仕事内容に照らし合わせて考えてみてください。

もしいま仕事をしていない場合は、人生のサイクルを書き出してみましょう。

私の場合、結婚、出産、子どもたちの乳幼児期が会社の成長期と重なりました。子どもが一人の場合は、サイクルではなく一直線に進んでいきますが、二人目、三人目が生まれると、次のようなサイクルを回すことになります。

【子育てのサイクル】

・乳幼児期（授乳による睡眠不足、乳児を育てる不安など、妻のストレスが多い時期）
・幼児期（子どももいろいろなことがわかったり、できたりするようになり、一緒にいる時間をつくりたい時期）
・学童期（小学校に入り、少し手が離れ、安定する時期）
・青年期（反抗期もあり、父親にも積極的に関わってほしい時期。さらに子どもの進路に関する費用など、金銭的負担も増える時期）

わが家は、夫が仕事のエリアで成長期のとき、子どもたちは乳幼児期で手がかかるタイミングでした。そのため、夫婦ともに負担が増えないように、家事や育児のサービスをうまく利用することで乗り切りました。

もし、このサイクルを夫が理解せずに、サービスなんて使わないと言っていたら、私はストレスまみれになって、何もやってくれない夫に対して強い不満を抱いていたと思います。

そして最後に、結婚のサイクルです。これは、そのまま夫婦の愛のサイクルです。

【結婚生活のサイクル】
・安定期（妻も夫もいい夫婦になろうと頑張る時期）
・成長期（夫婦の間に試練がくる時期……妊活、妊娠、出産、子育て、体調不良、親や義理親との関係、介護、相続、自宅購入、金銭的トラブルなど、様々なことを経験する時期）
・倦怠期（夫婦ゲンカが増え、本当にこの人でいいのか悩み始める時期）
・衰退期（離婚の危機に直面）
・再生期（マイナスになってしまった夫婦関係をまずはゼロベースに戻す時期。人として大きく成長できるかが夫婦の今後の分かれ目になります）
・成熟期（安定した関係性）

夫のサイクルを把握し倦怠期を乗り越えた例

美波さん（仮名）は、お子様の乳幼児期と旦那様の創業期が重なりました。毎日を乗り切ることで精いっぱいで、まったく状況を把握できない美波さん。結婚生活のサイクルは、成長期を終え、じつは倦怠期に入っていました。

倦怠期は、「感謝の心を忘れるタイミング」です。相手の存在が当たり前になり、感謝どころか嫌悪感を抱きやすい時期なのです。

良妻賢母の呪縛にかかっている多くの女性は、とても真面目で、堅実、完璧主義なところも持ち合わせているため、家族のために頑張ります。夫には、そのことに対して心から感謝の念を抱いてほしい、そして妻を大切にしていることを言動で示してほしいと願っています。しかし肝心の夫の気持ちは、なぜか外へ外へと向かい、心が満たされません。

なぜなら、男性の性質上、〝愛される〟という目的を達成するために、社会的成功を収めようとするからです。

しかし、男女の特性の違いを知らなかった美波さん。「子育てが大変な時期に、私にすべて任せるなんて。話が違う！」。こんな感情がこみ上げるようになってから、不満が募っていきました。

夫がめずらしく早く帰宅したと思ったら、手も洗わずにテレビの前に直行。「外から帰ったら汚い手は洗ってね！」と言っても「あとで」と言い放ち、洗わない。寝ている子どもにも興味がない様子。気がつけばソファで寝てしまう。テレビはつけっぱなし、電気も消さない。こみ上げる怒りとイライラが心の中を大占領。

彼の日頃の態度が、いかに私を傷つけ、悲しませているか。生活のルールを守れないにも程があることをわかってほしい。自分が主導権を握り、彼の態度のすべてを正せば、きっと以前のような幸せな日々が戻りうまくいくはずだ。そう、一ミリの疑いも持たずに思っていました。

彼女の作戦は、夫に自分の気持ちを察してもらい、大幅に態度を改めてもらうこと。そのためには、怒り心頭で精神的にギリギリであることに気がついてもらわなければなりませんでした。

まず、「お帰りなさい」と言うことをやめました。夜、子どもの横で一緒に寝てしまったときも、夫の帰宅に気がついても起きず、私は怒っているのよと態度で示しました。態度だけでは物足りず、必死に注意をして改めさせようともしていました。

それでも彼はイライラした声で、「疲れている。もう勘弁してくれ」と言うだけ。「もう我慢できない！」と怒りがマックスになったとき、彼女のなかでプツッと何かが切れ、すごい勢いで「どこにいたの？ いつも何をしているの？ いったい何を考えているの？ 浮気でもしているんじゃない？」と責め立てました。

すると、「うるさい！ 黙れ！ 俺は離婚してもいいと思っている」と言われてしまったのです。

どこからどうしたら修復できるのか、途方にくれてしまった彼女。離婚したほうがいいと後押ししてほしくて、私のセッションに申し込みました。

お二人の状況を詳しく伺うと、そのとき旦那様の仕事サイクルは成長期だと判明。さらに二人の結婚生活サイクルは倦怠期から衰退期へ移行していることを確認しました。何がどう絡まってしまっているのか。それをどう解いていくことができるのか。それを探るカウンセリングを始めました。

私と話しているうちに、美波さんはハッと気がつきました。「私はこのままではいけない」。会社では人間関係で悩み、家でも妻とうまくいっていないと悩む。旦那様はまさしく衰退一直線をたどっていたのです。

美波さんはSTEP1で説明した「自分を満たす」ワークを通して、毎日の生活のなかで繰り広げられる様々な問題や出来事が、じつは心（潜在意識）と深く関係していることを知りました。幼い頃、親との間に起こった出来事で傷ついた感情が残っていて、それが心の中で息を潜め、ことあるごとに顔を出していたのです。

私は様々な愛の形があることを伝え、美波さんは、すべては愛が前提であるという愛の視点を持つことで、親の愛がわかり、彼の愛もしっかりと受け取れるようになりました。

心から彼に感謝ができるようになった頃、彼は会社で女性社員が育たず、すぐに辞めてしまい大変だということを話してくれるようになりました。彼女も得意げに女心を伝授できるまでに変化したのです。

そうすることで、旦那様の会社での人間関係の問題も徐々に解消されていきました。

そこで初めて、お子さんの子育てサイクルの話をしました。子どもが幼児期に差しかかっていること。この時期はいつまで続き、次はどうなるのか。すると彼は、家族に対する理解を深め、彼のペースでできる範囲のことをやってくれるようになったのです。

この時点で、もうお二人は大丈夫！　いい夫婦関係を築いていけるようになりました。カウンセリング「卒業」です。

まず自分の問題を解決する。夫や子どもを愛するのはその後

倦怠期は、相手に感謝を忘れる時期であると同時に、**自分自身が持っている問題が浮き彫りになる時期**。その問題を見て見ぬふりをして、子どもに集中することは、いろいろな意味で危険です。まずは、自分自身の問題を解決し、自分をしっかり満たす。自分のことに集中できないと、他人を愛することが、自分に欠けているものを穴埋めするかのようなことになってしまうからです。

そのうえで、美波さんご夫妻のように、二人の共同作業により倦怠期、衰退期を乗

り越えましょう。そして再生期を通り越し、また成長期に入っていくことで、絆と信頼が深まる最高のパートナーシップが築けるようになるのです。

【あなたの夫のサイクルは?】

夫に仕事のサイクルを書き出してもらいましょう。企業に勤めているのか、個人事業主なのか、経営者なのかによってもこのサイクルが違います。

・ 年〜 年 期( )
・ 年〜 年 期( )
・ 年〜 年 期( )
・ 年〜 年 期( )

自分の仕事のタイミング、彼の仕事のタイミング、子育てのタイミング全部を加味して未来へ前進していくと、夫婦のサイクルも整ってきます。

倦怠期の乗り越え方が、夫婦の未来の分かれ道

これまで長年夫婦問題に関ってきたことで、次のようなことがわかってきました。

多くのカップルが、およそ7年で成長期↓倦怠期↓衰退期まで到達すること。

倦怠期をうまく乗り越えたカップルが、衰退期を乗り越え再生期↓成熟期へ向かって行くこと。

もちろん、カップルによって状況は様々なので例外もありますが、倦怠期に気づかず衰退期に入ってから気づいて慌てる方が多いので、本書を読んでいる方でいまが倦怠期だなという場合は、ぜひ早めに手を打っていただけたらと思います。

私たち日本人は、私自身を含め無宗教の人が多く、愛について語り、学ぶ場面が、家庭でも学校教育でも、社会に出てからも、米国や欧州と比べて少ないのが特徴では

ないでしょうか。夫婦、子育てに欠かせない「愛」について、宗教観を超えて、もっと気軽に学べる場が増えることを願っています。

愛し方、愛の受け取り方、愛の育み方、愛を循環させるための大切な考え方や心のあり方を知らないと、結婚して時を重ね、倦怠期を迎えた頃に、ボタンのかけ違いが起こり始めます。この時期をどう乗り越えるのか。ここが、夫婦関係を継続させていけるか、離婚するかの分かれ道になると思います。

倦怠期を頑張って乗り越えると、衰退期も乗り越えられ、再生期を経て、成熟期がやってきます。

成熟期ほど新しい刺激をつくり、二人でステージを上げていく！

パートナーシップでいう成熟期は、安定している分刺激がなくて、お互いにつまらなく感じるときかもしれません。なんとなくうまくいっていて、不満があるわけではないけれど、これでいいのかなぁと思ってしまうこともある。一方、ステージが上がって安定しているように感じるので、そこで満足してしまう方も多いです。

そんなときには、「いま、私たちは成熟期にいるんだ」と認識することがまず大事です。そして、夫婦として、次なる目標を話し合い、どうなっていきたいかを共有するとうまくいきます。

夫婦が成熟期にいることに気づかず過ごしていると、夫も妻も他の人に刺激を求めてしまうことがあります。これは危険です。ここを上手に乗り越えられなくて、家庭内別居になる夫婦も少なくありません。

成熟期ほど、自分に集中できるとき。新しいものを取り入れていきましょう。ずーーっと安定しているだけでは、やっぱり飽きちゃう。お互いが次のステージに上がっていくための休憩期間、地ならしをしている期間だととらえてみましょう。

成熟期にあるといい刺激は、知的刺激、インスピレーションの刺激などいろいろありますが、単純に場所を変えて新しい経験をするという意味では、旅行もとてもいいと思います。

また、安定しているからこそ、環境が整っているもの。この時期を利用して、いままでできなかったことにチャレンジしてみてはどうでしょうか。大学院に行く、新しいビジネスを立ち上げる、読書ばかりするなど、知識を深める人も多いですよ。

「自分が次のステージをどう進みたいのか、どう人生をつくっていきたいのか」

このことを、夫婦で考える前に、まず自分で考えます。

もちろん彼のほうでも考えてもらって、そのうえでパートナーシップとして話し合えれば、お互いに新しい要素が加わって、刺激になっていきます。夫婦関係もよくなり、モチベーションも上がります。そして実際、一人の人間としても、ステージを上がっていくことができます。

こうして「成長期」と「成熟期」を繰り返していくことで、年齢に関係なく、いくつになってもどんどんステージを上げていくことができるのです。

ぜひ、一生をかけて夫婦の愛を深め、お互いを高めていきましょう！

日本中に、何年一緒にいても愛し愛される、心が満たされ、心の豊かさを共有できる夫婦が増えますようにと、心から願いを込めて。

STEP 3

まとめ

- □ 「いい妻」を演じるのをやめる
- □ 本質的なコミュニケーションをとる
- □ 夫に「話す隙」を与える
- □ 不満や怒りは「笑い」で伝えてスッキリ昇華
- □ 夫に意見を求め、妻の人生に巻き込む
- □ 夫が使うお金を制限しない
- □ 夫婦のサイクルを把握し、二人でどんどんステージを上げる！

2人《ふたり》で理想《りそう》の未来《みらい》を叶《かな》えていく
夫《おっと》を最強《さいきょう》のパートナーにする方法《ほうほう》

著者 ヒロコ・グレース

二〇二一年九月一五日第一刷発行

だいわ文庫

発行者 佐藤 靖
発行所 大和《だいわ》書房
東京都文京区関口一-三三-四 〒一一二-〇〇一四
電話 〇三-三二〇三-四五一一
フォーマットデザイン 鈴木成一デザイン室
本文デザイン bitter design
編集協力 星野友絵
本文印刷 光邦
カバー印刷 山一印刷
製本 小泉製本
ISBN978-4-479-30882-9
乱丁本・落丁本はお取り替えいたします。
http://www.daiwashobo.co.jp

ヒロコ・グレース

ライフコーチ／女性起業家プロデューサー
数々のカリスマ女性起業家のプロデュースを手がけると同時に、25年間、男女のパートナーシップカウンセラーとして活動し、2万人以上の人たちが自分らしい理想の生き方を実現している。23歳で渡米し、28歳の時ニューヨークにて起業。年商6億円の企業へ成長させる。2008年に帰国し、ノウハウを「ウーマン魅力学®」としてメソッド化。新しい時代やそれぞれの夫婦にあった愛を土台として、愛が循環するパートナーシップを築いていける夫婦改善プログラムを広めてきた。講座やセミナーは常に満席。

自身の夫婦関係に悩んだ時期もあったが、今やお互いが「人生の応援者」と思える関係に。一男一女の母でもある。

著書に『愛され妻の習慣』『やめたら幸せになる妻の習慣』(WAVE出版)がある。

http://www.woman-m.com

本作品は小社より二〇一九年一月に刊行されました。